어린이를 위한
뇌과학 교과서

미나, 아냐, 키얀, 아일라, 가비, 라이얀, 사샤, 루, 아야, 나이, 나디, 라이얀, 가비, 앙통, 올리비아, 쥘리아, 사미, 샹스, 마르코, 뤼카, 뤼시, 테오, 사미, 지아드, 알렉스, 카타리나, 셀리나, 자드, 나딤, 롤라, 마리오, 마리아엘레나, 마르크, 알렉시, 앙드레아, 얀, 누르, 그리고 샤디에게.
_알베르 무케베르

사랑하는 조카 림과 누르를 위해.
너희는 언제나 내 머리와 마음에서 행복의 노래를 부른단다.
_라파엘 마르탱

뭐든지 척척 다 아는 마엘 르메트르, 도와주어서 고마워.
_파스칼 르메트르

어린이를 위한 뇌과학 교과서

알베르 무케베르·라파엘 마르탱 글 | 파스칼 르메트르 그림 | 김자연 옮김

라임

# 차례

뇌는 어떻게 생겼을까? 6

뇌의 무게는 얼마나 될까? 11

신경 세포가 뭐야? 14

이가 아플 땐 꾹 참아야 돼? 19

뇌는 몇 살까지 자랄까? 22

대체 이건 무슨 감정일까? 26

우리는 왜 가만히 있지 못하지? 29

뇌를 눈으로 볼 수 있다고? 32

여자와 남자의 뇌가 다를까? 35

눈앞에 있는 물건을 어떻게 보는 거지? 39

뇌가 우리를 속인다고? 43

왼손잡이와 오른손잡이는 어떻게 정해질까? 47

뇌는 어떻게 보고 듣는 거지? 50

생각의 속도가 그때그때 다르다고? 54

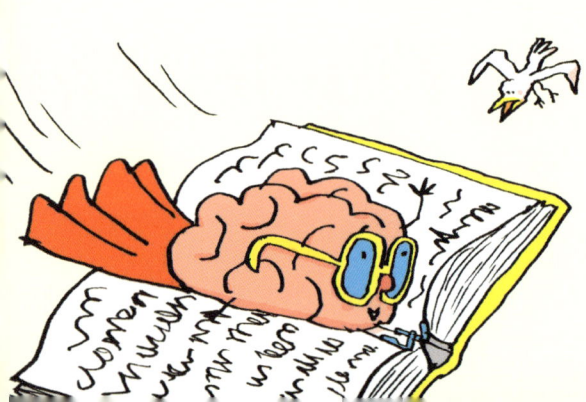

우리 몸은 어떻게 움직일까? ········· 58

학교에서 배운 걸 평생 기억할 수 있을까? ········· 62

잠잘 때는 뇌가 어떤 일을 하지? ········· 66

뇌가 크면 더 똑똑할까? ········· 70

머리뼈가 열린 채로도 살 수 있다고? ········· 73

다른 사람의 뇌를 조종할 수 있을까? ········· 75

뇌가 없는 동물이 있다고? ········· 78

뇌도 병에 걸릴까? ········· 82

뇌와 컴퓨터, 누가 더 똑똑할까? ········· 86

우리가 죽으면 뇌는 어떻게 될까? ········· 90

뇌를 프로그래밍할 수 있을까? ········· 94

뇌도 휴식이 필요하다고? ········· 97

앞으로 할 일이 무지 많아! ········· 99

알쏭달쏭 뇌과학 용어 사전 ········· 102

뇌는 어떻게 생겼을까?

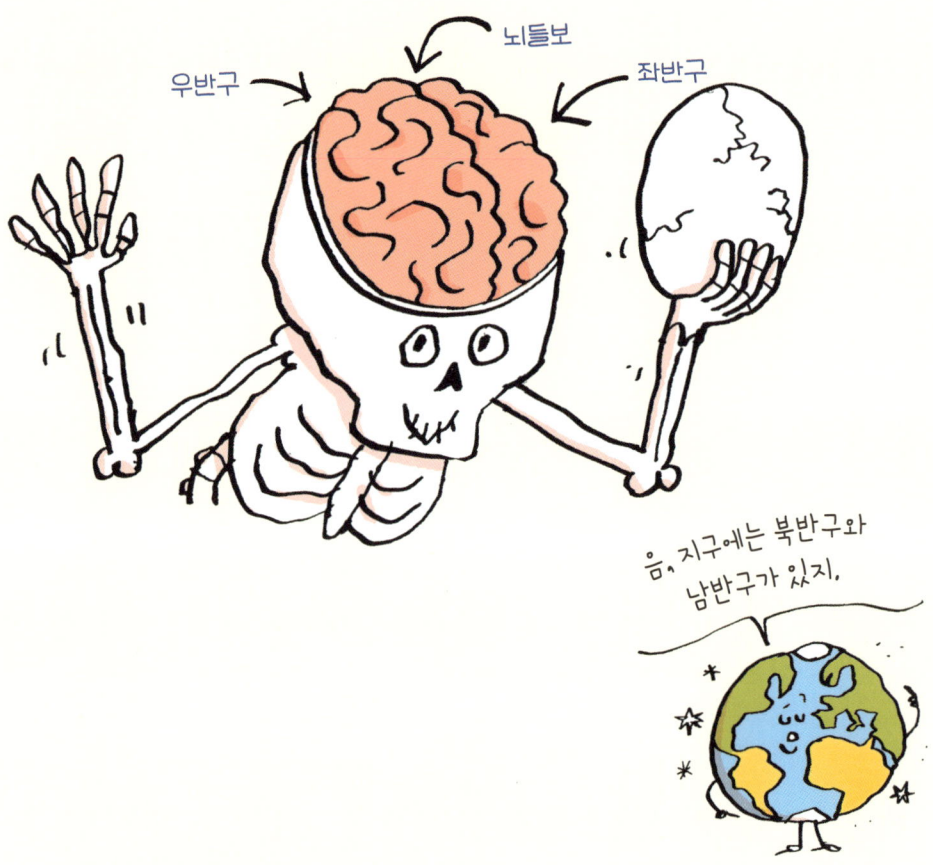

뇌가 호두처럼 생겼다고?

우리 머릿속에는 머리뼈가 있어요. 모두 스물두 개의 뼈로 이루어져 있지요. 머리뼈는 우리의 소중한 뇌를 보호하는 역할을 해요. 그리고 뇌는 자몽이랑 크기가 비슷하고, 분홍빛과 회색빛을 띠어요. 겉모양은 껍질을 깐 호두와 비슷하고요.

뇌도 호두처럼 두 부분으로 나뉘는데요. 왼쪽에 있는 걸 '좌반구', 오른쪽에 있는 걸 '우반구'라고 불러요. 좌반구와 우반구 사이에는 '뇌들보'가 있어요. 뇌들보는 좌반구와 우반구를 이어 주는 신경 섬유 다발이에요.

뇌는 이렇게 생겼어!

뇌에는 주름이 아주 많아요. 뇌의 외투 역할을 하는 이 주름을 '대뇌 겉질'이라고 불러요. 그중에서 밖으로 볼록 튀어나온 부분을 '이랑', 옴폭 파인 부분을 '고랑'이라고 하지요.

뇌는 크게 대뇌와 소뇌, 뇌줄기로 이루어져 있어요.

'대뇌'는 약 100억 개 이상의 신경 세포(뉴런)와 그 두 배 이상의 신경아교 세포로 구성되어 있지요. 우리 몸의 움직임을 관찰하고, 감정과 기

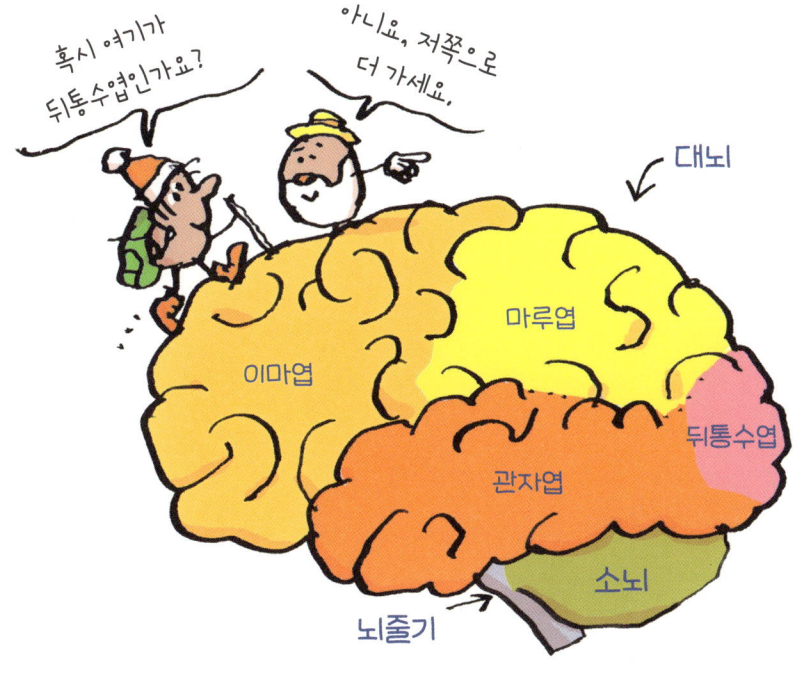

억, 학습 등의 기능을 담당해요.

'소뇌'는 우리 몸의 움직임을 조정하고 균형을 잡는 데 중요한 역할을 해요. 몸을 움직일 때는 물론이고, 가만히 있으려 할 때도 작용을 해서 조화로운 운동뿐 아니라 안정적인 자세를 취하는 데도 도움을 주어요.

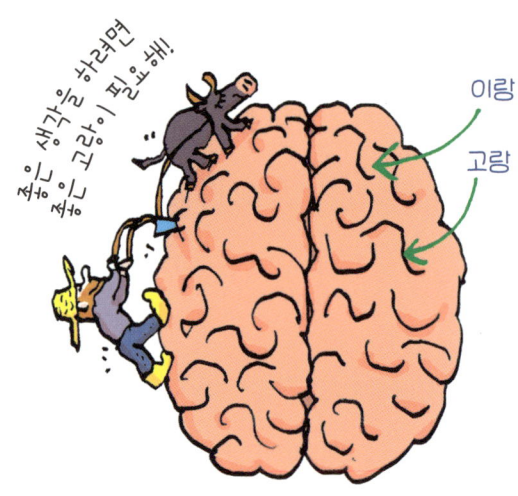

'뇌줄기'는 수많은 신경 섬유로 이루어져 있어요. 주로 생명 유지에 필요한 기능, 즉 호흡이나 심박수, 혈압 등을 담당해요. 우리가 원하는 대로 몸을 움직일 수 있게 하고, 호르몬을 분비하게 하며, 여러 정보를 전달하는 역할도 한답니다.

대뇌 겉질은 주름투성이?

대뇌 겉질의 주름이 많을수록 신경 세포도 많아요. 대뇌 겉질의 주름을 쭉 펴면 길이가 얼마나 될까요? 자그마치 $2m^2$가량 된다지요? 우아, 큰 침대를 덮을 수 있는 이불만 한 크기예요.

사람의 대뇌 겉질 면적은 침팬지보다 약 4배 더 크다고 해요. 그만큼 신경 세포가 더 많은 거니까 훨씬 더 예민하겠네요.

뇌는 무지무지 복잡해!

시상, 편도체, 해마……. 이게 뭐냐고요? 바로 뇌 안에 있는 기관들이에요. '시상'은 후각을 제외한 모든 감각 신호를 대뇌 겉질로 전하는 정류장이에요. '편도체'는 아몬드처럼 생겼는데, 감정을 조절하는 일을 맡고 있어요. '해마'는 다들 알지요? 뇌 안쪽 깊숙이 있는데, 새로운 것을 배우는 데 관여해요. 기억의 중추라고 할까요?

여기서 중요한 건 어느 기관이든 혼자서는 일을 할 수 없고, 뇌 속의 여러 기관들이 힘을 합쳐야 한다는 거예요. 그래야 예술 작품을 만들거나 수학 문제를 척척 풀 수 있거든요. 그러니까 협동이 아주아주 중요해요!

아인슈타인의 뇌는 다르게 생겼을까?

천재 과학자 아인슈타인을 알고 있지요? 아인슈타인은 천재니까 다른 사람들보다 뇌가 더 컸을까요? 아니, 그렇지 않다고 해요. 다른 사람들과 비슷한 크기라지요. 그렇지만 대뇌 겉질에서 볼록 튀어나온 이랑이 보통 사람들보다 훨씬 더 복잡했다나 봐요.

그걸 어떻게 알 수 있냐고요? 아인슈타인이 죽은 뒤, 미국 프리스턴 병원의 병리학자 토머스 하비가 그의 뇌를 연구하기 위해 잘라서 분석했거든요!

뇌의 무게는 얼마나 될까?

이래 봬도 엄청 부지런해!

어른의 뇌 무게는 약 1.3kg이에요. 음, 뇌가 무겁다고 더 똑똑한 건 아니에요. 뇌의 무게와 지능은 아무 상관이 없거든요!

많은 사람이 '인간은 뇌의 10%만 사용한다'고 알고 있는데요. 이건 잘못 알고 있는 거예요. 사실 우리는 뇌를 전부 다 사용해요. 심지어 우리가 잠을 자는 동안에도 뇌는 쉬지 않고 움직이는걸요!

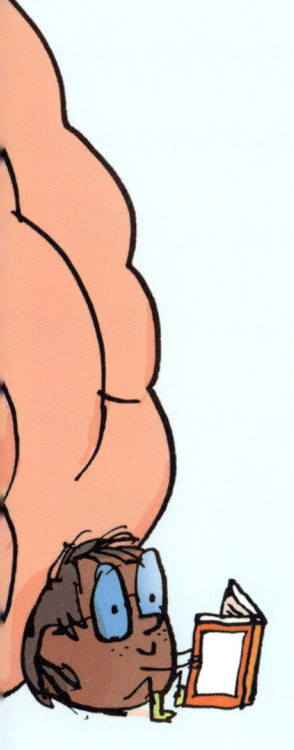

빠르다, 빨라!

혹시 이거 알아요? 어떤 신경 세포는 시속 320km의 속도로 전기 신호를 전달해요. 거의 KTX만큼 빠른 속도지요.

참, 우리 뇌는 75%가 물로 이루어져 있어요. 뇌가 활발하게 움직이게 하려면 규칙적으로 물을 마시는 것이 중요해요.

내 머리가 제일 커!

동물 중에서 가장 무거운 뇌를 가진 동물은 무엇일까요? 바로 향유고래예요. 무려 9kg이나 된다지요? 머리가 크다고 으스댈 만하네요!

사람의 뇌는 태어난 첫해에 부피가 세 배 가까이 커져요. 정말 놀랍지요? 그 후에 뇌의 부피가 조금 더 늘어나긴 하지만, 어른이 되면 오히려 크기가 조금씩 줄어들어요.

뇌가 엄청난 먹보라고?

맞아요. 어른의 뇌는 몸무게의 약 2%밖에 차지하지 않지만, 뇌 혼자서 우리 몸에 있는 산소와 에너지의 20%를 쓰거든요. 먹보 중의 왕먹보지요.

그렇다면 뇌는 어떤 음식을 좋아할까요? 바로 혈액 속에 들어 있는 포도당을 제일 좋아해요.

신경 세포가 뭐야?

우리 몸속의 세포

우리 몸은 아주 작은 세포들로 이루어져 있어요. 그 세포들 중에는 신경 세포와 신경 아교 세포가 있는데요. '신경 세포'는 전기 신호와 화학 신호를 전달하고, '신경 아교 세포'는 신경 세포를 보호하는 역할을 해요. 이 세포들 덕분에 우리가 뭔가를 생각하거나 몸을 자유롭게 움직일 수 있는 거랍니다!

신경 세포가 특이하게 생겼다고?

우리 몸을 이루는 세포는 대부분 달걀처럼 생겼어요. 그런데 신경 세포는 좀 특이하게 생겼답니다. 신경 세포에는 바깥으로 쭉쭉 뻗어 나온 부분이 있는데요. 이걸 '돌기'라고 해요. 나뭇가지처럼 생긴 '가지 돌기'는 다른 신경 세포들로부터 정보를 받아요. 신경 말단이 달린 '축삭 돌기'는 다른 신경 세포들에게 신호를 전달하지요.

신경 세포 한가운데에는 신경 세포체와 핵이 있어요. '핵'은 신경 세포에게 영양을 공급하고, '신경 세포체'는 신경 세포가 제대로 작동하도록 지휘하는 일을 해요.

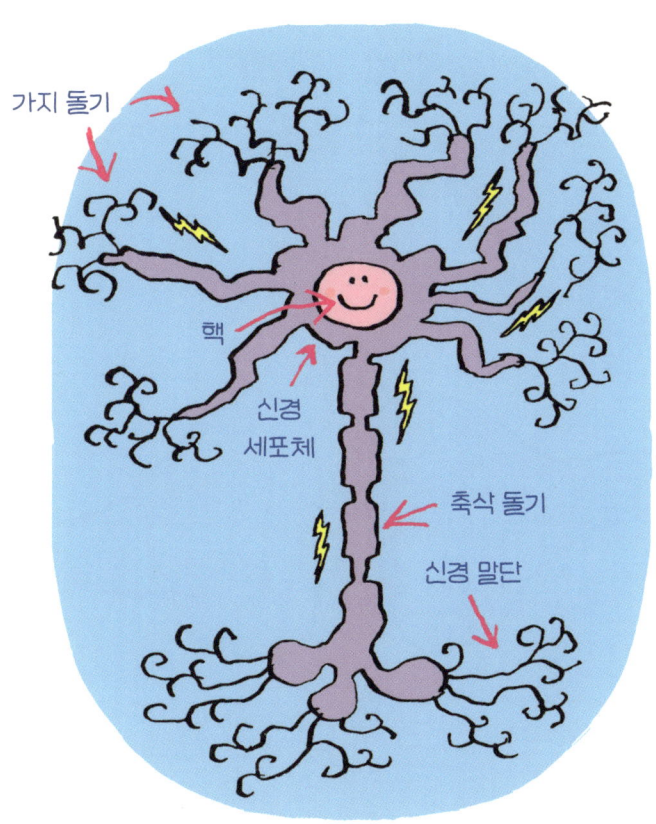

우리 몸의 교통경찰, 시냅스

신경 세포는 서로 신호를 주고받지만 직접 닿지는 않아요. 신경 세포와 신경 세포 사이에는 아주 작은 틈이 있는데, 이것을 '시냅스'라고 해요. 시냅스가 없으면 신경 세포는 아무 일도 할 수 없답니다.

시냅스를 통해 '신경 전달 물질(화학 신호)'이 이동하는데요. 스페인의 신경 과학자 산티아고 라몬 이 카할이 이 사실을 맨 처음 발견했어요. 신경 세포가 몸 전체에 하나로 이어져 있는 게 아니라 떨어진 채 서로 소

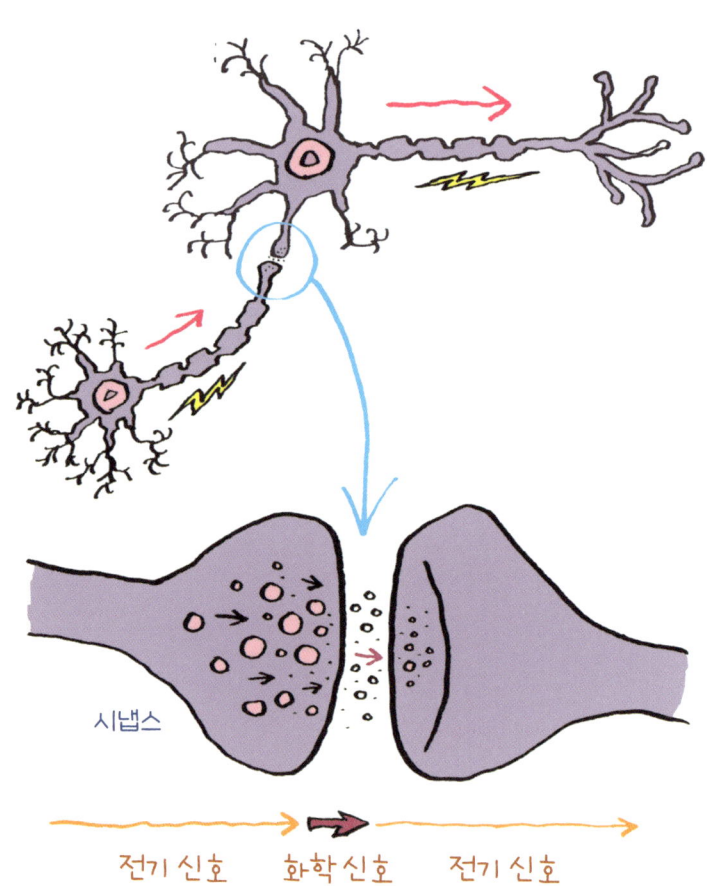

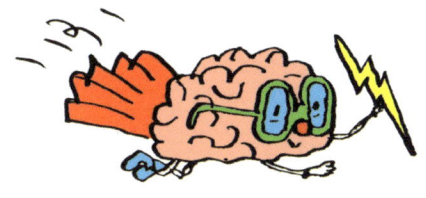

통한다는 것을요. 그래서 우리의 기억은 신경 세포뿐 아니라 시냅스의 패턴이 생기고 난 후에야 머릿속에 저장된다고 해요.

신경 전달 물질은 신호를 다음 신경 세포로 전달하는 역할을 하는데요. 어떤 시냅스는 신호가 계속 전달되도록 돕고, 또 어떤 시냅스는 신호를 멈추게 해요. 마치 교통경찰처럼요!

시냅스는 끊임없이 작동해요. 우리가 가만히 앉아 책을 읽고 있을 때도요. 겉으로 보기에는 아무 일도 일어나지 않는 것처럼 보이지만, 우리 머릿속에서는 수천억 개의 신호가 계속 전달되고 멈추기를 반복한답니

다. 시냅스를 통해 신경 세포들이 아주 바쁘게 일하고 있다는 거지요!

신경 아교 세포도 엄청 중요한걸!

우리 뇌가 제대로 작동하는 데 신경 세포는 아주아주 중요한 역할을 해요. 하지만 신경 세포를 둘러싼 신경 아교 세포가 없다면 뇌는 아무런 일도 할 수 없답니다.

신경 아교 세포는 신경 세포가 뇌 안에서 자리를 잘 잡도록 도와주고 보호해 주는 일을 하거든요. 또 신경 세포가 살아가는 데 꼭 필요한 산소와 영양분을 공급해 주지요. 그 덕분에 신경 세포가 신호를 빠르게 전달할 수 있는 거예요.

과학자들이 지금도 신경 아교 세포에 대해 활발히 연구를 하고 있는데요. 예전에는 단순히 신경 세포를 보조하는 역할만 한다고 생각했어요. 하지만 최근에는 신경 아교 세포가 학습과 기억, 감정 조절 등에 매우 큰 영향을 미친다는 사실을 밝혀냈답니다!

이가 아플 땐 꾹 참아야 돼?

아야, 입안에 충치가 생겼어!

이가 아프다고요? 이런, 얼른 치과에 가 봐야겠네요! 이렇게 아프다고 느끼는 걸 '통증'이라고 해요. 통증은 우리 몸의 어딘가가 잘못되었다는 걸 알려 주는 신호예요. 만약 통증이 없다면 몸에 상처가 나도 알아차리지 못하겠지요? 그러면 더 큰일로 번질 수 있어요.

일단 충치가 생기면 '통증 수용체'가 이에서 뇌로 통증 신호를 전달해요. 그런데 말이죠, 의사 선생님이 잇몸에다 주사를 한 방 놓으면 치료를 하는 동안 통증이 거의 느껴지지 않지요? 그건 마취제를 주사해서 그래요. 마취제는 통증 수용체가 뇌에 통증 신호를 전달하지 못하도록 막는 일을 하거든요. 그래서 아무 통증도 느끼지 않게 되는 거예요.

고마워, 통증아!

우리는 왜 종종 가슴에서 통증을 느낄까요? 몸이 아프면 누구나 긴장 상태가 되어요. 겨울에 스키장에 가서 스키를 타다가 다리가 부러지면? 통증 수용체가 뇌에 신호를 보내 심장이 빠르게 뛰도록 만들어요. 그러면 혈관이 팽팽하게 늘어나고, 소화 기관이 느리게 움직이지요. 심지어 어느 기관에서는 마취 물질을 스스로 만들어 내기도 해요.

이 모든 건 우리 몸이 아픈 상황에 최대한 스스로 대처하려고 그러는 거예요! 인간을 포함한 수백만 종의 생물이 이 지구에서 지금까지 살아남을 수 있는 이유 가운데 하나가 바로 이 통증 덕분이랍니다.

이참에 통증에게 고맙다고 인사라도 할까요?

뇌는 몇 살까지 자랄까?

이제 내가 운전하고 싶은데……,
나도 이제 다 컸거든.

뇌는 평생 동안 자란다고?

우리 뇌는 평생 동안 자라요. (크기 말고 '성장'과 '발달'을 뜻해요.) 그중에서도 아기 때 가장 많이 성장하지요. 아기는 세상에 태어나자마자 배워

야 할 것이 아주 많거든요!

갓 태어난 아기는 침팬지, 고릴라, 원숭이와 같은 영장류에 비해 뇌가 덜 발달했다고 해요. 하지만 사람의 뇌는 다른 영장류의 뇌보다 더 빠르고 오랫동안 성장해요. 어른이 되면 우리의 뇌는 영장류보다 두세 배 더 발달한다지요.

오늘도 뇌는 변화하는 중!

우리 뇌가 계속 변하는 이유는 '신경 가소성' 덕분이에요. 신경 가소성이 뭐냐고요? 뇌가 스스로 구조와 기능을 바꾸며 발달해 나가는 걸 가리켜요.

옛날 사람들은 뇌가 어린 시절에만 발달한다고 믿었어요. 하지만 미국의 뇌 과학자 메리언 다이아몬드가 쥐의 뇌를 연구한 뒤 이 말이 틀렸다는 사실을 밝혀냈지요.

연구에 따르면, 작은 공간에서 홀로 사는 쥐보다 다른 쥐와 함께 지내며 다양한 물체와 접촉한 쥐의 뇌가 훨씬 더 많이 발달했다고 해요. 사람도 마찬가지예요! 사람과 쥐의 뇌 구조는 무척 비슷하거든요.

이렇게 경험이나 주변 환경에 따라 뇌세포는 끊임없이 변화해 나간

답니다! 날마다 날마다 바뀔 수 있다는 거지요. 그러니 어린아이일 때는 환경과 자극이 매우 중요한 역할을 해요.

뇌가 반쪽만 있어도 살 수 있다고?

수리수리 마수리, 다시 연결돼라!

만약 머리를 어딘가에 심하게 부딪히면 어떻게 될까요? 혹시라도 뇌의 어느 부분을 없애야 한다면요? 이렇게 심각한 상황이 생긴다면 우리 뇌는 할 수 있는 모든 방법을 활용해서 원래대로 돌아가기 위해 노력해요. 이게 바로 신경 가소성이란 말씀! 신경 가소성이 작동하면 뇌가 새로운 신경 세포 연결망을 만들어 스스로 재구성을 하지요.

그렇기 때문에 뇌의 절반이 사라지는 상황이 생겨도 생각보다 큰 어려움 없이 살아갈 수 있어요!

뇌는 사용할수록 더 발달해

한 아이가 바이올린을 꾸준히 연습한다면, 뇌에는 어떤 변화가 일어

자꾸자꾸 이렇게 하면 내 오른쪽 검지를 담당하는 뇌 영역이 엄청 발달할걸.

날까요? 아마도 몇 주가 지나면 왼쪽 새끼손가락을 담당하는 뇌 영역이 눈에 띄게 발달할 거예요.

이 손가락을 자주 사용하지 않는 어른들의 뇌와 비교하면 그 차이가 더욱더 뚜렷하게 나타나겠지요. 그러니까 우리 뇌는 새로운 기술을 익히거나 무언가를 꾸준히 연습하면 점점 더 발달할 수 있어요!

뇌도 나이를 먹는다고?

우리는 약 860억 개의 신경 세포와 함께 태어나고, 죽을 때까지 새로운 신경 세포를 계속 만들어요. 하지만 나이가 들면 새로운 신경 세포가 생기는 속도가 점점 줄어든답니다. 또, 뇌에 있는 혈관의 수가 줄어들 뿐 아니라, 신경 세포들이 새로운 연결망을 만들어 내는 능력도 약해져요.

맞아요, 슬프지만 우리 뇌도 나이를 먹는답니다!

비록 많이 늙긴 했지만 추억으로 가득하답니다!

대체 이건 무슨 감정일까?

감정이 뭐야?

우리는 날마다 다양한 감정을 느끼며 살아가요. 그런데 '감정'이라는 건 대체 뭘까요? 음, 정확하게 설명하기는 어려워요. 우리가 감정을 직접 느끼기 때문에 알 수 있다고 말할 수 있을 뿐이에요. 감정은 단순히 뇌에서만 만들어지는 게 아니라 몸과 환경에서 영향을 받으며 나타나는 거랍니다.

학교 가는 첫날, 왜 심장이 쿵쾅댈까?

개학 첫날 교실 문을 열기 전, 몸이 마구 떨리면서 심장이 쿵쾅댄 적이 있나

요? 그건 너무나 당연한 일이에요. 우리가 낯선 상황에 잘 대처할 수 있도록 뇌가 미리 준비하는 거거든요! 새로운 환경과 맞닥뜨리게 되면 우리 몸은 몹시 긴장하게 되고, 또 경계심이 엄청나게 높아져요. 마치 사자 무리에게 둘러싸인 가젤처럼 심장이 빠르게 뛰지요.

하지만 걱정하지 말아요! 새로운 친구들을 사귀고, 담임 선생님과 이야기를 나누다 보면 마음이 점점 편안해질 거예요.

감정도 배우는 거라고?

친척들과 함께 휴가를 떠난 하나는 절벽 위로 난 길을 신나게 깡충깡충 뛰어다녀요. 그런데 하나보다 다섯 살 많은 사촌 오빠 주노는 겁에 질려 꼼짝도 못 하는 것 있지요?

사실 그럴 수밖에 없어요. 하나는 어릴 때부터 엄마가 암벽을 기어오르는 모습을 자연스럽게 보고 자랐거든요. 주노의 부모님은 소파에 누

워 텔레비전 보는 것을 좋아했고요.

　이렇게 감정은 우리가 보고 배우는 것에 따라 다양하게 나타나요. 그래서 같은 경험을 해도 사람마다 느끼는 감정이 서로 다른 거예요.

감정과 이성은 환상의 짝꿍!

　사람들은 흔히 감정과 이성이 반대된다고 생각해요. 하지만 감정과 이성은 서로 함께 작용한답니다. 감정은 우리가 상황을 이해하는 데 중요한 정보를 주고, 이성은 그 정보를 바탕으로 올바른 결정을 하도록 도와주어요.

　만약 이성이 없다면 우리는 감정을 어떻게 다뤄야 할지 모를 거예요. 반대로, 감정을 느끼지 못한다면 올바른 결정을 내리기가 어렵지요. 실제로 과학자들은 뇌가 손상되어 감정을 느끼지 못하게 된 사람들이 올바른 결정을 내리지 못한다는 사실을 알아냈어요. 마치 이성까지 사라져 버린 것처럼 말이에요!

 # 우리는 왜 가만히 있지 못하지?

기분에 따라 달라져!

　우리는 기분과 주변 상황에 따라 다르게 행동해요. 좋아하는 책을 읽을 때는 아주 차분해지지요. 가족과 함께 카드놀이를 할 때는 편안한 감정을 느끼고요. 친구들과 비디오 게임을 할 때는요? 무척 신이 나지요.

재미있는 영화를 볼 때는 배꼽을 잡고 웃기도 하고요!

이렇게 우리는 늘 똑같은 감정을 느끼지는 않아요. 같은 행동을 반복하지도 않고요. 언제나 똑같이 행동해야 한다면 그건 정말 괴로울 거예요.

한시도 가만히 있을 수 없다고?

우리는 항상 얌전하게 행동하고, 규칙을 잘 지키고, 모든 일에 집중할 수 있을까요? 아니요, 그건 어른들도 불가능해요! 아, 그렇다고 항상 신나고 흥분한 상태로 있을 수는 없겠지요.

사실 우리가 하는 모든 활동은 뇌뿐만 아니라 몸에도 꼭 필요한 일이에요. 예를 들어 공을 쫓아 달리기, 나무 위로 기어오르기, 미끄럼틀에서 빠르게 내려오기, 풀밭에 벌러덩 드러눕기, 의자에 앉아서 쉬기…….

왜냐고요? 우리는 로봇이 아니니까요!

냠냠!
피자가 보여!

피자 냄새가 나면 침이 고여

우리 뇌는 몹시 바빠요. 우리와 바깥세상을 연결해 주고, 여기저기에서 오는 정보를 분석하고, 앞으로 무슨 일이 생길지 예측하

30

거든요.

어디선가 맛있는 피자 냄새가 난다면? 입안에 침이 고일 거예요. 신나는 음악 소리가 들린다면? 다리는 저절로 리듬에 맞춰 흔들릴 테지요.

이렇게 다양한 자극을 받으면 뇌가 반응하는데요. 이 반응을 완벽하게 조절하는 건 쉽지가 않아요. 그래서 피곤하거나 스트레스를 받으면 차분히 앉아 있거나 숙제에 집중하기가 어려운 거예요.

뇌를 눈으로 볼 수 있다고?

뇌를 어떻게 연구해?

과학자들은 우리 몸속 장기가 어떻게 작동하는지를 알아내려고 오랫동안 연구했어요. 그중 가장 쉬운 방법은 무엇일까요? 바로 죽은 사람의 몸을 열어 보는 거예요! 가령, 죽은 사람의 위를 살펴보면 마지막으로 먹은 음식이 무엇이고, 시간이 지나면서 그것이 어떻게 변했는지 알 수 있지요.

하지만 뇌는 달라요. 죽은 사람의 머릿속을 열어 본다고 해서 뇌가 어떻게 작동하는지 알 수는 없거든요. 그래서 요즘 과학자들은 뇌를 열어 보지 않고 연구할 수 있는, 더 똑똑하고 효과적인 방법을 사용한답니다!

흠, 뇌를 한번 들여다볼까?

뇌를 연구할 때는 죽은 사람이 필요하지 않아요. 살아 있는 사람의 뇌를 위험하지 않은 방법으로 볼 수 있거든요. 이게 다 새로운 기술 덕분인데요. 뇌파 검사(EEG)와 자기 공명 영상(MRI)으로 뇌를 살펴볼 수 있어요. 무척 신기하지요?

내 머릿속에서 전기가?

'뇌파'는 뇌가 활동하며 생기는 전류를 가리키는데요. 뇌파 검사는 뇌 활동을 측정하고 기록해서 뇌 상태를 알아보는 방법이에요.

뇌파 검사 측정기가 전류를 감지해 뇌

파를 그래프로 보여 주지요. 뇌파 검사 덕분에 우리는 뇌에서 신호가 언제 생기는지 알 수 있어요.

하지만 그 신호가 어디서 만들어지는지는 아직 알 수 없어요. 신경 세포에서 나오는 전기가 머리뼈를 제대로 통과하지 못하기 때문이에요. 게다가 이 기술은 뇌의 가장 바깥층에 있는 신경 세포만 측정할 수 있답니다. 아쉽지만 아직은 뇌 전체의 활동을 보기는 어렵다는 얘기예요.

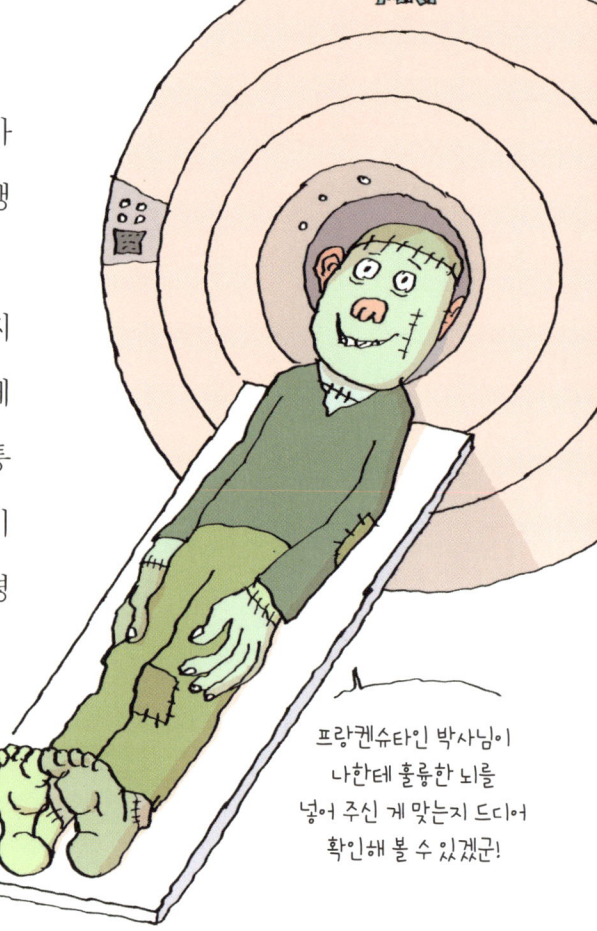

프랑켄슈타인 박사님이 나한테 훌륭한 뇌를 넣어 주신 게 맞는지 드디어 확인해 볼 수 있겠군!

뇌를 영상으로 찍을 수 있다고?

'자기 공명 영상'은 강력한 자기장을 이용해 우리 몸속 기관을 영상으로 보여 주어요. 자기 공명 영상을 찍을 때는 거대한 자석처럼 작동하는 커다란 통 안에 가만히 누워 있어야 해요. 이 장치는 고주파를 발생시켜 몸에서 나오는 신호를 측정하고 분석해 영상으로 만들어요. 몸속의 근육이나 장기를 아주 선명하게 볼 수 있지요.

그 덕분에 암을 비롯한 다양한 뇌 질환을 정확히 진단할 수 있답니다.

여자와 남자의 뇌가 다를까?

글쎄, 아직 잘…

여자의 뇌와 남자의 뇌는 모양과 기능이 같을까요, 다를까요? 아직은 뇌 전문가들도 정확한 답을 찾지 못했다고 해요.

우리 뇌는 태어날 때부터 가지고 있는 유전적 특성(선천성)과 살아가면서 배우고 경험하는 것들(후천성)이 뒤섞여 만들어진 아주 복잡한 레

편견은 이제 그만!

여자는 분홍색을 좋아하고 남자는 파란색을 좋아할까요? 여자는 겁이 많고 예민할까요? 여자는 아이 돌보는 것을 좋아할까요? 모두 잘못된 생각이에요! 이제 여자와 남자의 뇌가 아주 많이 닮았다는 사실을 알았으니까, 과학적으로 증명되지 않은 편견과 잘못된 생각들이 더 이상 퍼지지 않도록 다 같이 노력해요!

시피의 결과물이에요. 그런데 문제는 무엇이 선천적인 것이고 후천적인 것인지 정확히 알기가 어렵다는 거예요.

게다가 뇌는 우리의 행동과 습관에 따라 끊임없이 변하기 때문에 시간이 갈수록 이 레시피가 점점 더 복잡해진답니다. 그러니 사람마다 차이가 엄청나게 크겠지요? 여자와 남자의 차이가 아니라요.

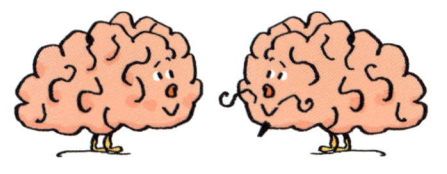

여자가 남자보다 집안일을 잘할까?

아주 오래전부터 여자들이 남자들보다 아이를 돌보고 집안일에 더 많은 시간과 노력을 기울였어요. 세계 여러 나라에서 거의 똑같이요.

그런데 이건 정말 불공평한 일이에요! 여자들의 뇌가 집안일을 더 잘하도록 만들어진 건 아니니까요.

여자와 남자의 뇌에서 굳이 차이를 찾는다면 그건 크기일 거예요. 남자의 뇌가 여자의 뇌보다 10% 정도 더 크다고 하거든요.

이건 평균적으로 여자보다 남자의 키가 더 크기 때문이에요. 그런데 크기가 다르다고 해서 뇌의 능력이나 역할이 달라지는 건 아니랍니다.

오히려 성별이 같은 두 사람의 뇌를 비교해 보면, 성별이 다른 남자와 여자의 뇌를 비교했을 때보다 다른 점이 훨씬 더 많다고 해요.

그러니까 뇌의 특징은 성별과 아무 상관이 없다는 얘기예요! 다시 말하자

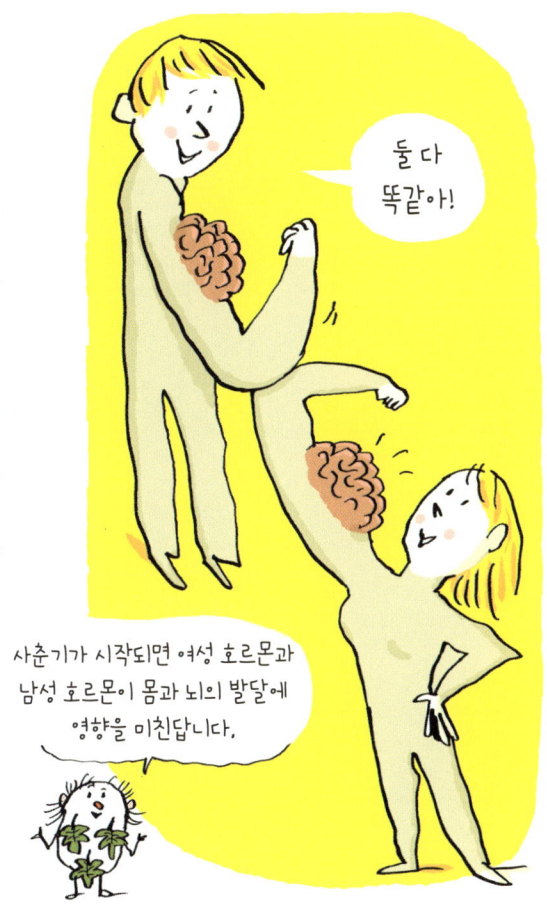

면 여자와 남자의 뇌는 아주 많이 닮았고, 거의 같은 일을 해요!

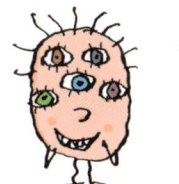 눈앞에 있는 물건을 어떻게 보는 거지?

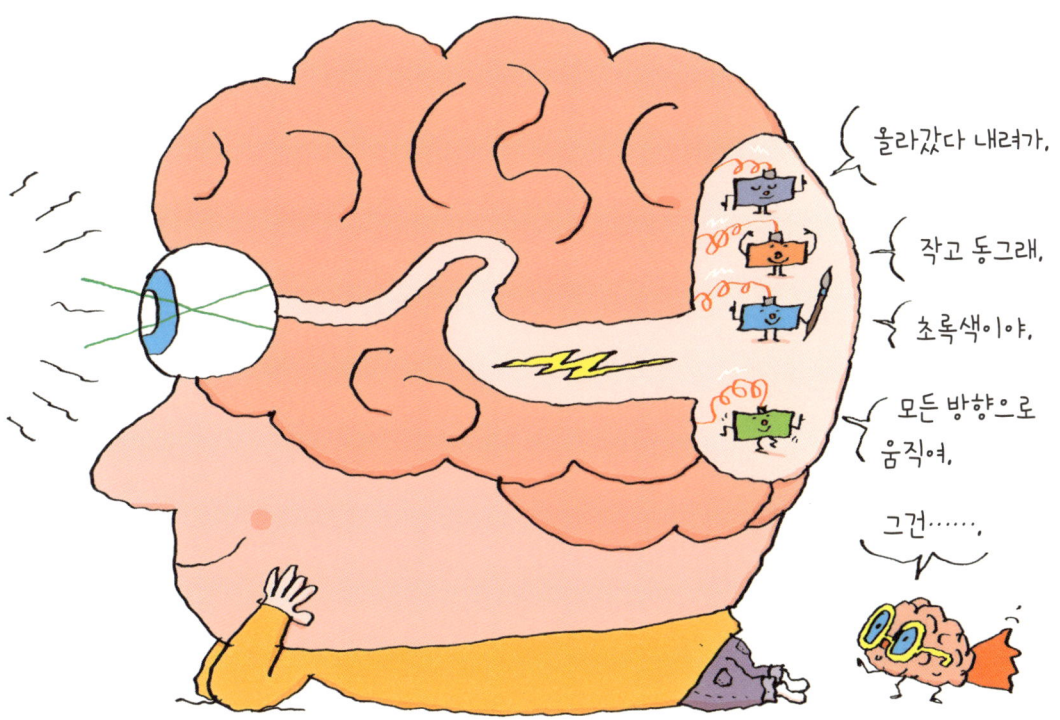

우리가 알지 못하는 사이에…

자전거를 타는 아이, 길가에 우뚝 서 있는 나무, 풀밭을 뛰어다니는 강아지……. 우리는 눈으로 아주 많은 것들을 보아요. 그냥 보는 것처럼 느껴지지만 사실은 매우 복잡한 과정을 거친답니다. 우리의 눈과 뇌

가 모양을 비롯해 색깔, 방향, 움직임까지 한꺼번에 파악하고 분석하거든요! 우리가 그 과정을 하나하나 의식하지는 못하지만, 눈과 뇌가 쉬지 않고 계속 일을 해서 우리가 볼 수 있게 해 준답니다.

일단은 빛이 필요해!

우리가 무언가를 보려면 먼저 빛이 있어야 해요. 태양에서 오는 빛이나 전구에서 나오는 빛 말이에요! 이 빛은 얼굴과 그림, 책 같은 사물의 바깥쪽에 닿은 뒤 반사되어서 다시 나오는데요. 그렇게 반사된 빛이 우리 눈을 통해 망막에 다다르지요.

망막에는 빛을 받아들이는 특별한 세포들이 있어요. 이 세포들의 특별한 능력은 뭘까요? 바로 빛으로 된 정보를 전기 신호로 바꾸는 거예요! 이 전기 신호가 시각 신경을 따라 뇌로 전달되어요. 그래서 우리가 사물을 볼 수 있는 거예요.

우리 뇌는 작은 연구실!

눈에서 생긴 전기 신호가 여러 과정을 거쳐 뇌의 뒷부분까지 무사히 도착해요. 그러면 그곳에 있는 시각 겉질이라는 부위에서 전기 신호를 하나하나 분석하지요. 마치 연구실에서 실험하는 것처럼요.

모양과 색깔, 방향, 움직임을 꼼꼼하게 살펴보고 우리 머릿속에 이미지를 만들어 주어요. 그래서 우리가 지금 이 글을 읽을 수 있고, 또 알록달록한 그림도 볼 수 있는 거예요.

기억으로 이미지를 채운다고?

과학자들은 오랫동안 시각 정보는 바깥에서 안쪽으로, 망막에서 시각 겉질로 전달된다고 생각했어요. 그런데 최근에 아주 놀라운 사실을 발견했답니다. 뇌는 이미 알고 있는 지식을 이용해서 시각 정보를 예측하고 보충한다는 거예요! 우리가 초콜릿을 보는 순간 시각 정보만으로 이미지를 그대로 옮기기보다, 과거에 본 적 있는 초콜릿의 기억을 꺼내 현재의 이미지를 더 선명하고 완전하게 채우는 거지요.

 뇌가 우리를 속인다고?

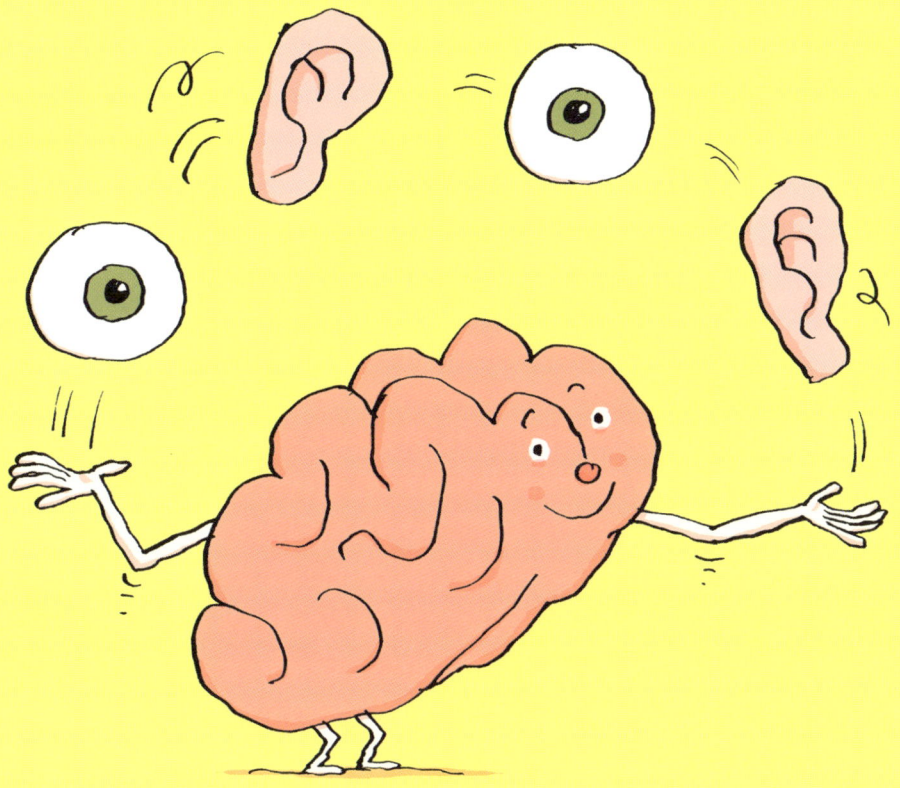

미리 예측해야 돼!

　우리 주위에서 일어나는 일에 반응하고 행동하는 건 뇌가 하는 일 가운데서 가장 중요한 일이에요. 뇌는 눈과 귀를 통해서 보고 들은 정보를 바탕으로 행동하거든요. 그런데 행동을 하기 전에 앞으로 어떤 일이 일어날지 미리 예측을 해야 하지요.

우리가 횡단보도에서 길을 건너려 할 때 저 멀리 자동차가 보이면 어떻게 할까요? 뇌는 자동차가 언제 우리 앞을 지나갈지 미리 예상하고 판단해요. 그리고 나서 지금 길을 건너도 되는지, 아니면 조금 더 기다려야 하는지 결정을 하지요!

착각에 빠질 때도 있어

우리 뇌는 감각들이 보내는 정보를 끊임없이 받아들이면서 주변에서 일어나는 일을 해석해요. 그러기 위해 이전에 배운 지식과 새로운 정보를 비교하지요.

맞아요! 뇌는 이미 알고 있는 것을 활용해서 세상을 이해한답니다. 음, 그런데 이 과정이 늘 완벽한 건 아니에요. 때로는 어떤 정보를 단순화하거나, 무시하거나, 빠뜨리기도 해요. 그 바람에 종종 착각을 일으키기도 하지요.

뇌가 스스로 함정에 빠질 때

뇌는 언제나 우리가 빠르게 결정할 수 있도록 도와주어요. 그런데 가끔은 실수를 하기도 한답니다.

우리가 여러 식당이 모여 있는 길을 지나간다고 생각해 볼까요? 이럴 때는 사람들이 바글바글한 식당이 가장 맛있는 식당이라고 생각하기가 쉬워요. 과연 그럴까요?

지구가 평평하다고요?
내가 피자인 줄 알아요?

지구가 평평하다고 믿는 사람들

옛날 사람들은 지구가 평평하다고 믿었어요. "호주 사람들은 거꾸로 뒤집힌 채 살지 않잖아요!", "지평선은 항상 평평해 보여요."와 같은 말을 하면서요. 하지만 바다에 떠 있는 배를 보면 그 주장이 틀렸다는 걸 알 수 있어요. 배가 지평선에서 갑자기 사라지는 게 아니라, 아래쪽부터 천천히 보이지 않게 되니까요. 이건 지구가 둥글다는 아주 분명한 증거지요.

지구가 평평하다고 믿는 사람들은 생각의 함정에 빠진 거예요. 자신이 믿고 싶은 정보만 선택적으로 받아들이고, 반대되는 정보는 무시하는 거지요. 이런 사고방식 때문에 분명한 증거가 있어도 잘못된 생각을 쉽게 바꾸지 않는 사람들이 있는 거랍니다.

그 식당의 음식이 유난히 맛있어서 손님이 많은 게 아닐 수도 있잖아요. 가격이 싸거나, 위치가 좋아서 손님이 많을 수도 있으니까요. 이렇게 우리 뇌는 때때로 객관적이지 않은 판단을 내리기도 한답니다!

방심하다간 큰코다칠 수도!

인생이나 세상을 그저 밝고 희망적으로 바라보는 것을 '낙관'이라고 해요. 낙관적인 태도는 삶을 즐겁게 살아가는 데 도움이 되어요. 그렇지만 지나치게 낙관적이면 위험할 수도 있답니다.

여러분이 헬멧을 쓰지 않은 채 자전거를 타고 쌩쌩 달린다고 생각해 봐요.

'나는 절대로 넘어지지 않을 거야!'라고 믿는다면? 혹시라도 넘어졌을 때 크게 다칠 수 있어요. 또, 여태껏 충치가 한 번도 생긴 적이 없다고 해서 사탕을 마음껏 먹는다면? 나중에 치과에서 아주 힘들게 치료를 받아야 할지도 몰라요.

이런 성향이 강한 사람들은 자신에게 나쁜 일이 생길 거라고 생각하지 않아요. 늘 좋은 일만 일어날 거라고 믿고 조심하지 않는다면 큰 사고가 생길 수 있답니다.

자전거를 타거나, 사탕을 많이 먹고 싶을 때 혹시 내가 너무 낙관적 성향은 아닌지 잠깐 생각해 보는 거 어때요?

왼손잡이와 오른손잡이는 어떻게 정해질까?

왼쪽은 오른쪽 담당, 오른쪽은 왼쪽 담당!

　뇌는 신기한 구조를 갖고 있는데요. 오른쪽 뇌인 우반구는 몸의 왼쪽을, 왼쪽 뇌인 좌반구는 몸의 오른쪽을 담당해요. 그렇다면 왼쪽 팔에서 오는 신호는 누가 처리할까요? 딩동댕! 오른쪽 뇌가 처리하지요.

이건 인간만 그런 게 아니에요. 고래, 거북, 제비 같은 다른 척추동물들도 비슷한 구조를 가지고 있답니다. 우리가 몸을 움직일 수 있는 것도, 감각을 느낄 수 있는 것도 이런 신기한 뇌의 구조 덕분이에요!

뇌 속의 교차로?

우리 뇌 속에는 교차로가 있어요. 뇌의 특정 구역에서 보낸 신호가 몸의 반대쪽으로 전달되면서 엇갈리는 곳이지요. 이곳을 '신경 교차'라고 부르는데요.

예를 들어, 우리가 무언가를 볼 때 왼쪽 시각 신경과 오른쪽 시각 신경은 뇌 속의 시각 신경 교차에서 엇갈려요. 그래서 왼쪽 눈에서 들어온

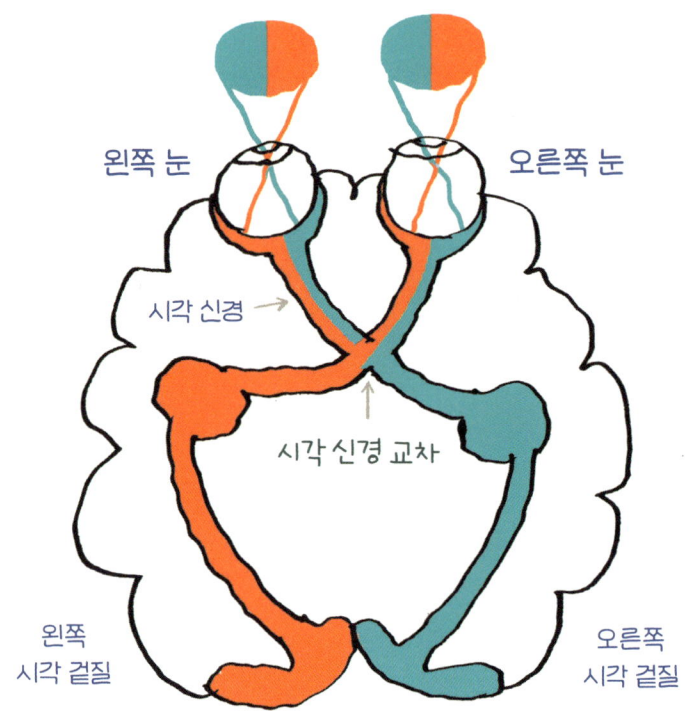

정보는 우반구로, 오른쪽 눈에서 들어온 정보는 좌반구로 전달되지요.

그렇지만 모든 것이 이렇게 엇갈리는 건 아니에요. 냄새를 맡는 후각 정보는 대부분 같은 쪽 뇌에서 처리하거든요. 왼쪽 콧구멍에서 들어온 신호는 좌반구로, 오른쪽 콧구멍에서 들어온 신호는 우반구에서요.

또, 언어를 담당하는 뇌의 구역은 대부분 좌반구에 있어요. 이처럼 어떤 기능은 한쪽 뇌에서 모두 처리하는 경우도 있답니다.

왼손잡이 DNA가 따로 있다고?

왼손잡이와 오른손잡이의 뇌 반구는 서로 정반대일까요? 아니, 꼭 그렇지는 않아요. 왼손잡이인 사람들도 오른손잡이 사람들처럼 언어를 담당하는 뇌 구역이 대부분 좌반구에 있어요.

그렇다면 왜 왼손잡이와 오른손잡이가 나뉘는 걸까요? 그 이유는 DNA에서 찾을 수 있어요. 'PCSK6'이라는 특별한 유전자가 왼손잡이나 오른손잡이를 결정할 가능성이 크다고 해요.

하지만 왼손잡이가 단 하나의 유전자로 결정되는 건 아니에요. 여러 유전자와 환경 요인이 복합적으로 작용한 결과지요.

왼손잡이 천재, 레오나르도 다빈치

나는 오른쪽에서 왼쪽으로 글씨를 쓰는 게 좋답니다.

뇌는 어떻게 보고 듣는 거지?

모두 다 소중하고 중요해!

우리 몸에서 눈과 귀, 혀와 손가락은 아주아주 중요한 역할을 해요. 이 기관들이 시각, 청각, 미각 같은 감각 정보를 전기 신호로 바꾸어 주거든요.

우리가 바다를 보고, 음악을 듣고, 시원한 바람을 느끼고, 사탕의 달콤한 맛을 즐길 수 있는 건 전부 뇌가 이 감각 정보들을 해석해 주기 때문이에요.

이런 감각 정보를 제대로 받아들이려면 뇌에서 처리되는 모든 과정이 중요해요. 뇌의 한 부분이 손상되면 정보를 정확히 받아들일 수 없으니까요. 만약 시각 신경에 문제가 생기면 눈이 건강하더라도 신호가 제대로 전달되지 않아요. 시야가 흐려질 수도 있고, 시력을 잃을 수도 있어요.

때로는 착시 현상이…

우리의 감각은 완벽하지 않아요. 오히려 어설픈 면이 꽤 있지요. 자외선이나 적외선처럼 인간이 볼 수 없는 빛도 있고요. 듣지 못하는 소리와 맡을 수 없는 냄새도 있거든요.

아, 감각은 때때로 우리를 속일 때도 있어요. 아래에 있는 그림은 언뜻 움직이는 것처럼 보이지만 실제로는 움직이지 않는답니다. 그렇다고 눈에 문제가 있는 건 아니니까 걱정하지 말아요! 뇌가 이런 반복적인 무늬를 이해하기 어려워하는 거예요. 그래서 '착시 현상'을 겪곤 하지요.

〈회전하는 뱀〉, 기타오카 아키요시
©wikimedia commons

뇌가 불완전한 곳을 채울 때

우리 뇌는 불완전한 곳을 채우는 데 뛰어난 능력을 가지고 있어요. 옆에 있는 그림에서 정육면체가 보이나요? 사실 그림에는 정육면체가 없어요! 우리의 뇌가 불완전한 정보를 보완해서 정육면체가 있는 것처럼 보이게 하는 거예요.

©wikimedia commons

뇌의 이런 능력은 외국어를 배울 때 큰 도움이 되어요. 단어의 뜻을 정확히 몰라도 문장을 살펴보면 대충 어떤 의미인지 짐작할 수 있으니까요. 우리 뇌가 이렇게 똑똑하답니다!

여덟 가지 감각?

시각, 후각, 청각, 촉각, 미각 등 다섯 가지 감각을 '오감'이라고 하지요. 그런데 인간에게는 또 다른 감각들이 있다고 해요. 알고 있나요? 최소 세 가지 감각이 더 있다고 하네요!

- **자기 수용성 감각** : 우리 몸의 위치와 움직이는 방향을 알게 해 주어요. 그 덕분에 우리는 눈을 감고도 손가락을 코에 정확히 갖다 댈 수 있지요.
- **온도 감각** : 뜨겁거나 차갑다고 느끼게 해 주어요.
- **통각** : 몸에 자극을 받았을 때 통증을 느끼게 해 주어요.

생각의 속도가 그때그때 다르다고?

우선 상황 분석부터!

우리 뇌는 이미 겪었던 경험을 바탕으로 상황을 분석한다고 앞에서 얘기했지요? 그 뒤에 어떻게 행동해야 할지 예측하고요. 만약 예측이 어렵다면? 그때그때 상황에 맞추어 행동을 해요.

이 과정에서 생각이 개입하게 되는데요. '무슨 일이 일어났지?', '무엇을 해야 하지?', '어떻게 해야 하지?'와 같은 질문들을 스스로 하지요. 이렇게 해서 상황을 분석하고 적절한 행동을 할 수 있게 도와주어요.

번개 같기도 달팽이 같기도

"움직이는 공의 속도는 얼마나 빠를까요?"

음, 이 질문에 정확히 답하는 건 쉽지 않아요. 어떤 공인지, 누가 던졌는지에 따라 다르니까요. 우리가 하는 생각도 마찬가지예요. 어떤 상황에서는 빠르게 작동하지만, 또 어떤 경우에는 느리게 진행되지요.

예를 들어, 달리기 선수가 출발 신호를 듣고 달려간다고 생각해 봐요. 그때는 뇌가 번개처럼 빠르게 반응해요. 보통 0.15초 만에 몸을 움직여 뛰어나간다지요. 하지만 달리기 선수가 퍼즐을 맞추거나 '734×42'를 계산해야 한다면? 이번에는 뇌가 아주 천천

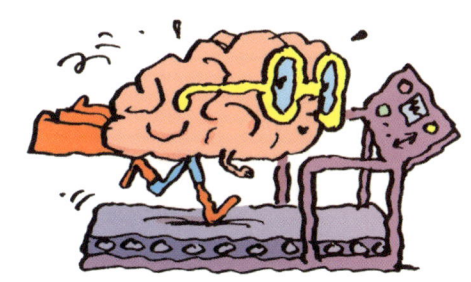

> **비디오 게임 모드**
> 처음으로 게임을 했던 때를 떠올려 보아요. 어떤 버튼을 눌러야 할지도 모를뿐더러, 첫 번째 단계로 통과하기도 어려웠죠? 그런데 게임을 계속 하다 보니 점점 익숙해져서 잘하게 되었을 거예요. 별다른 생각을 하지 않아도 자연스럽게 조작할 수 있게까지 되지요. 심지어 친구와 이야기를 하면서도 게임을 할 수 있고요! 맞아요, 그만큼 우리 뇌가 훈련된 거예요. 좋아하는 게임을 할 때, 뇌는 엄청나게 빠른 속도로 생각하고 반응하거든요.

히 작동할 거예요. 마치 달팽이가 느릿느릿 기어가는 것처럼요.

정보의 고속도로

우리가 무심코 촛불을 만졌을 때, 뇌가 신호를 처리하기도 전에 손이 먼저 반응하지요. 손을 데었을 때는 신경 세포들이 척수에서 바로 반응을 일으켜 뇌에 생각할 틈도 주지 않고 곧바로 손을 떼게 만들지요. 이런 '정보의 고속도로' 덕분에 우리는 위험한 상황에서 몸을 보호할 수 있어요.

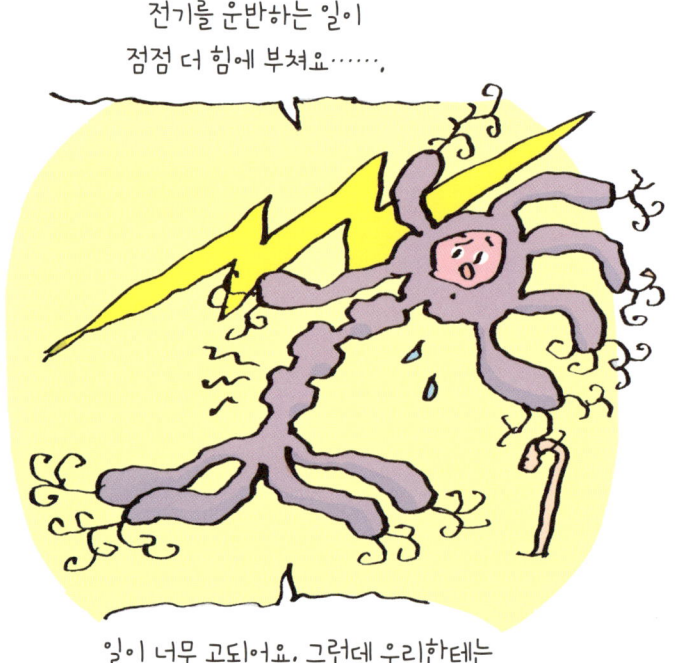

그때그때 달라

뇌 속 신경 세포를 따라 이동하는 전기 신호의 속도는 신경 세포의 상태에 따라 달라져요. 어떤 병에 걸리거나 나이가 들어 노화가 진행되면 전기 신호 속도가 느려질 수 있거든요.

신경 세포는 '말이집(미엘린초)'이라는 보호층으로 둘러싸여 있는데요. 이 말이집이 건강할 때는 신호 속도가 초속 120m에 이른다고 해요. 하지만 말이집이 손상되면 신호를 전달하는 속도가 백 배 이상 느려질 수 있다지요. 뇌가 얼마나 빠르게 생각할 수 있는지는 여러 가지 상황에 따라 달라져요.

우리 몸은 어떻게 움직일까?

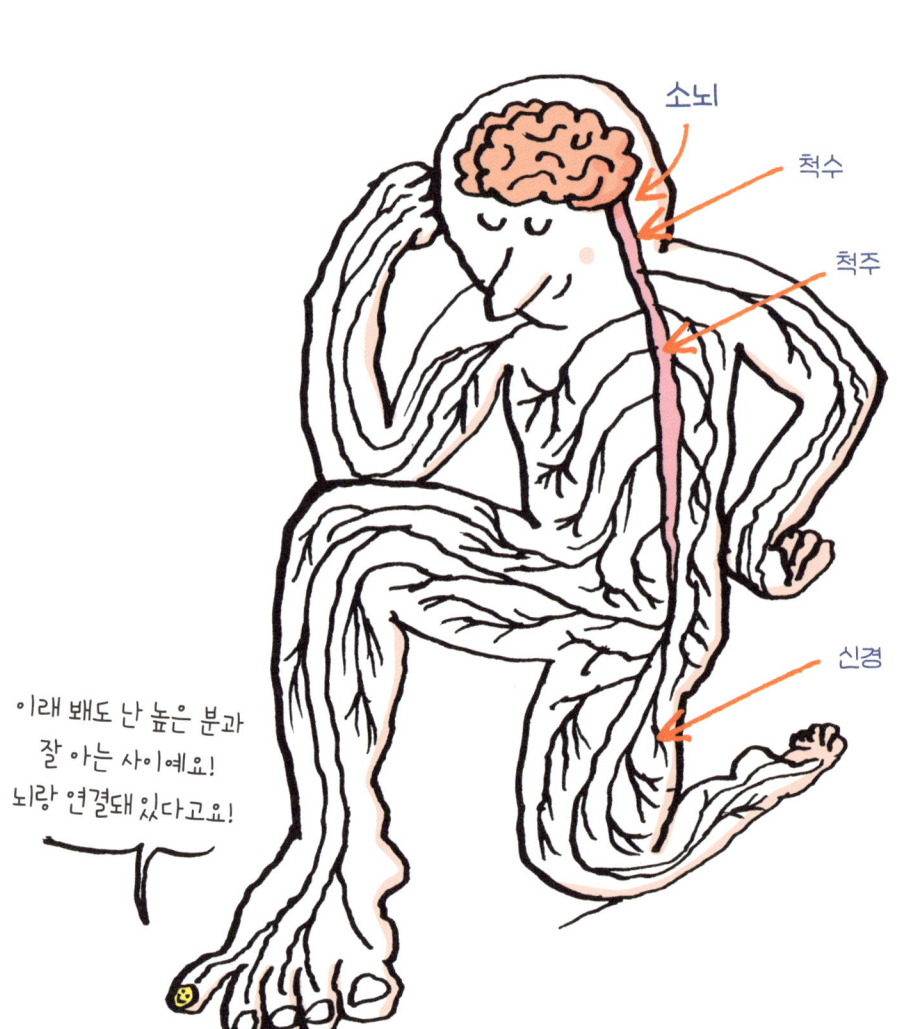

소뇌
척수
척주
신경

이래 봬도 난 높은 분과 잘 아는 사이예요! 뇌랑 연결돼 있다고요!

뇌에서 새끼발가락까지, 척수

우리는 뇌 덕분에 몸을 움직일 수 있어요. 그런데 뇌의 신호가 어떻게 온몸으로 전달되는 걸까요? 그 비밀은 바로 척수에 있어요!

'척수'는 수많은 신경 세포로 이루어진 밧줄이라고 할 수 있는데요. 머리뼈 아래쪽에 있는 큰 구멍을 통해 뇌와 연결되어 있어요. 그다음에는 척추뼈가 기둥처럼 이어진 척주를 따라 내려가지요. 척수에서 나온 신경들은 우리 몸 구석구석 뻗어 나가요. 심지어 새끼발가락까지요!

슈퍼 지휘자, 운동 겉질

우리 몸에는 600개가 넘는 근육이 있어요. 우리가 웃을 때만 해도 얼굴 근육을 약 10개 이상 사용한답니다. 그러니 우리가 소리를 지르면서 공을 들고 뛰는 건 정말 대단한 일이에요!

그렇다면 이렇게 많은 근육이 어떻게 한꺼번에 움직일 수 있을까요? 그건 바로 '운동 겉질' 덕분이에요.

운동 겉질이 신경을 통해 근육에게 움직이라고 명령을 내리거든요. 그러면 명령을 받은 근육들이 수축하거나 이완하지요. 그 덕분에 우리가 온몸을 자연스럽게 움직일 수 있는 거랍니다.

신호 전달

으쌰으쌰!

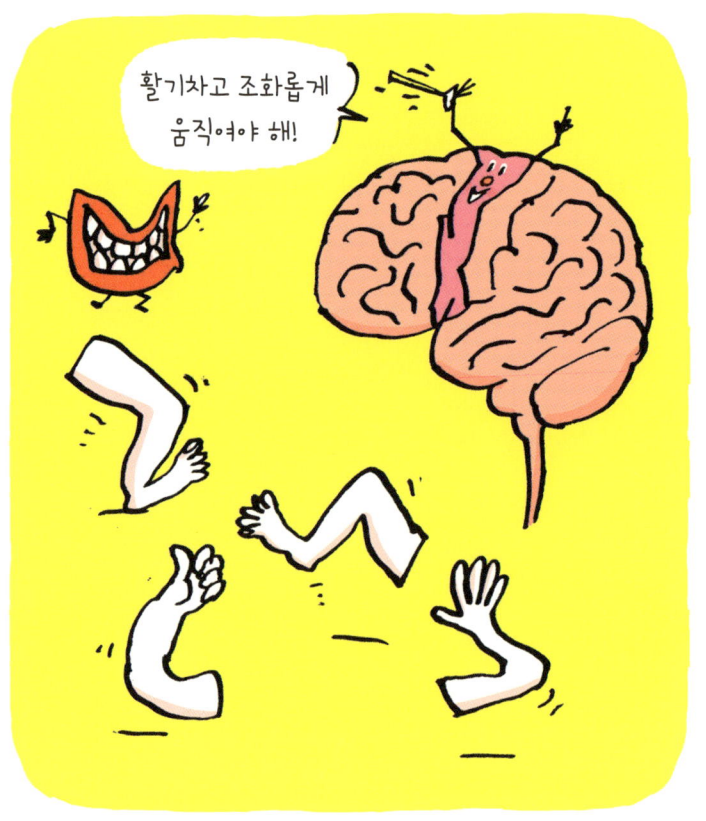

앗, 공이 날아와!

친구가 찬 공이 나한테로 날아와요! 내 머릿속에서는 어떤 일이 벌어질까요? 일단 나는 공을 잡아야겠다고 생각해요. 그러면 공이 어느 방향에서 어떤 속도로 날아오는지 뇌가 빠르게 계산한답니다. 그다음에는 운동 겉질이 근육들에게 움직이라고 신호를 보내요. 이 신호를 받은 근육들은 수축하거나 이완하며 내가 공을 정확하게 받을 수 있도록 도와주지요. 야호! 멋지게 공을 받았어요!

누구나 실수하면서 배워

계단을 힘들게 기어오르는 아기를 보면서 넘어질까 봐 걱정한 적이 있나요? 하지만 걱정하지 않아도 돼요! 아주 자연스러운 일이거든요. 모든 인간은 똑바로 서서 걷기까지 수없이 넘어지고, 또 넘어져요. 연습을 거듭하면서 점점 더 잘 걷게 되지요.

우리는 수많은 실수와 시도를 통해 움직이는 법을 배워요. 피아노를 연주하거나, 젓가락으로 콩을 잡을 때도 그렇잖아요. 시간이 지나면 우리 스스로 몸을 자연스럽게 움직일 수 있게 된답니다.

나는 아기였을 때 걸음마를 배우는 게 너무 힘들었어요.

학교에서 배운 걸 평생 기억할 수 있을까?

배우고, 잊고, 기억하고…

우리는 학교에서 다양한 것들을 배워요. 국어, 영어, 수학, 사회……. 나중에 어른이 되면 지금 배운 걸 다 잊어버릴까요? 음, 그렇기도 하고,

아니기도 해요! 전부 다 기억할 수는 없겠지만 좋아하는 시나 구구단은 오랫동안 머릿속에 남을 거예요. 그것보다 중요한 건 배운 내용을 잘 활용하는 방법이에요. 이 능력은 더 자라서 일을 할 때도 큰 도움이 되거든요.

뇌가 기억하는 두 가지 방법

우리는 구구단을 외우는 방법과 수영하는 방법을 같은 방식으로 기억할까요? 아니요, 그렇지 않아요! 우리 뇌에는 여러 가지 종류의 기억 체계가 있어요.

첫 번째는 몸으로 익힌 기억이에요. 예를 들어 자전거를 탈 때 '어떻게 균형을 잡지?'라고 생각하지 않아도 자연스럽게 탈 수 있지요? 특별히 생각하지 않아도 저절로 작동하는 기억을 '절차 기억'이라고 해요. 한 번 익히면 오랫동안 기억에 남지요. 그래서 한동안 타지 않다가 오랜만

에 자전거를 타더라도 넘어지지 않는 거예요!

두 번째는 말로 설명할 수 있는 기억이에요. 우리가 겪은 일이나 배운 내용을 언어로 표현할 수 있게 해 준답니다. '여덟 살 생일에는 친구들과 함께 공원에서 공놀이를 했어!'와 같은 기억처럼 말이에요. 이런 기억을 '서술 기억'이라고 해요. 어떤 기억은 곰곰이 생각해야 떠오르지만, 어떤 기억들은 평생토록 머릿속에 남아 있지요!

때로는 기억이 뒤죽박죽!

누군가 지금 여러분에게 3+3의 정답을 묻는다면 곧바로 6이라고 대답할 수 있을 거예요. 하지만 여러분이 처음 덧셈을 배웠을 때는 어땠나

요? 간단한 계산도 손가락을 이용해서 풀어야 했을걸요. 그러니까 처음 배울 때와 지금은 다른 방식으로 기억하는 셈이에요.

친구들과 술래잡기를 했던 것도 기억하나요? 하지만 정확히 언제 어디에서 놀았는지는 잊어버렸을 거예요. 기억이 오래될수록 흐려지거나 다른 기억과 섞일 수 있거든요.

기억 저편에 고이 묻어 둔 정보

오래전에 배운 악기가 있나요? 오랜만에 다시 연주하려는데, 좋아하는 곡의 음이 잘 떠오르지 않을 때가 있지요? 그래도 걱정하지 말아요! 우리 뇌는 아주 똑똑하니까요. 한번 배운 것은 완전히 사라지지 않아요. 다시 연습하면 훨씬 더 쉽게 익힐 수 있답니다. 우리 뇌는 생각보다 많은 것을 기억하거든요.

보물 상자를 어디에 숨겼는지 전혀 기억나지 않아…….

잠잘 때는 뇌가 어떤 일을 하지?

잠은 최고의 보약!

우리가 자는 동안 뇌는 무엇을 할까요? 잠을 자는 동안에는 의식이 없을까요?

모든 동물은 잠을 자요. 박쥐, 참새, 부엉이, 무당벌레까지 저마다 방식은 다르지만 모두 모두 잠을 자지요. 영장류에 속하는 인간은 인생의 3분의 1가량을 잠자는 데 쓴답니다.

그런데 우리는 왜 잠을 잘까요? 사실 과학자들도 아직 정확한 답을 찾지 못했어요. 예전에는 몸의 에너지를 회복하기 위해서라고 생각했는데요. 그게 전부는 아니라지요.

하루 종일 아무것도 하지 않아도 밤이 되면 어느새 잠이 쏟아지지 않나요? 단순

히 에너지를 아끼기 위해서 잠을 자는 건 아니라는 뜻이에요. 확실한 건 잠이 우리 몸에 꼭 필요하다는 거지요.

　우선 잠을 자면 기억력이 좋아져요. 질병을 막아 주는 면역력이 강해지고, 결정을 내리는 능력이 높아지지요. 키가 크고 근육을 늘리는 데도 도움이 된답니다. 그러니 잠은 몸과 뇌를 위한 최고의 보약이라고 할 수 있지요!

뇌는 잠이 없다고?

　우리가 잠을 잘 때, 뇌도 함께 잘까요? 아뇨, 우리가 잠들어도 뇌는 잠을 자지 않아요! 언뜻 잠든 것처럼 보이지만, 말똥말똥 깨어서 여러 단계로 이루어진 수면 주기를 작동시키고 있지요.

　수면 주기는 보통 90분 정도 지속되고, 4~6번 반복돼요. 이 주기를 크게 렘(REM)수면과 비렘수면으로 나눈답니다.

1단계 비렘수면 잠들기 시작하는 단계예요. 주변 소리나 작은 움직임에 쉽게 깰 수 있어요.

2단계 비렘수면 잠에 빠져드는 단계예요. 몸의 긴장이 풀리고, 심박수와 체온이 내려가요.

3단계 비렘수면 가장 깊은 잠에 빠지는 단계예요. 뇌의 활동이 느려지고 성장 호르몬이 분비되어요.

렘수면 꿈을 가장 많이 꾸는 단계예요. 눈이 무척 빠르게 움직이며, 뇌가 매우 활발하게 활동해요. 몸은 거의 움직이지 않아요.

똑똑 끊어서 잘 수도 있어

보통 사람들은 밤에 잠들고 해가 뜨면 일어나지요. 하지만 모두가 똑같은 방식으로 자는 건 아니에요. 수면 방식은 다양하니까요. 한번에 오래 자는 대신, 짧게 나누어 여러 번 자는 방법도 있어요.

영국 요트 선수 엘런 맥아더는 이런 수면 방식을 사용했어요. 엘런은 혼자서 요트를 조종하며 세계를 일주하는 싱글 핸드 요트 대회에 참가했어요. 94일 동안 바다 위에서 평균 36분 동안 891번 자면서 2위를 차지했다지요! 짧은 수면 시간을 효율적으로 활용해 집중력을 유지했기 때문이에요.

잠깐이라도 낮잠을 자면 몸이 금방 회복되어요!

꿈을 조종할 수 있다고?

과학자들은 오랫동안 꿈의 역할에 대해 연구해 왔지만, 아직 정확한 답을 찾지는 못했어요. 흥미로운 점은 렘수면이 깊어질수록 뇌가 더 많은 꿈을 꾼다는 거예요. 아, 더 놀라운 사실은 바로 '자각몽'을 꾸는 사람들이 있다는 것! 이들은 꿈을 꾸는 중이라는 사실을 스스로 알고 있을 뿐만 아니라, 꿈을 자유롭게 조종할 수도 있다고 해요. 꿈에 무시무시한 괴물이 쫓아온다면 보통 사람은 무작정 도망치겠지만, 자각몽을 꾸는 사람은 비행기에 재빨리 올라타 멋지게 탈출할 수도 있다네요!

 뇌가 크면 더 똑똑할까?

뇌가 크다고 더 똑똑하진 않아

세상에서 가장 큰 뇌를 가진 포유류는? 정답! 9kg의 뇌를 가진 향유고래예요! 인간의 뇌는 향유고래보다 여섯 배 정도 작아요. 중간 크기라고 할 수 있지요.

그렇다면 가장 작은 뇌를 가진 동물은? 땃쥐인데요. 뇌 크기로는 가장 작지만, 몸 크기에 비해서는 땃쥐의 뇌가 가장 클 거예요. 실제로 땃쥐는 매우 영리하답니다.

셋 중에서 가장 똑똑한 동물은?

고양이와 원숭이, 토끼는 어떨까요? 이 세 동물의 뇌 크기는 비슷해요. 하지만 뇌세포의 구성 방식은 다르답니다. 이 중에서 가장

70

똑똑한 동물은 원숭이예요.

마카크원숭이는 돌을 이용해서 호두나 조개껍데기를 깔 수 있어요. 도구를 사용할 줄 안다는 거지요! 그러니까 뇌의 크기가 중요한 건 아니에요.

사실은 지능과 관련이 있어요. '지능'은 뇌가 어떻게 구성되어 있는지, 어떤 세포들이 있는지, 신경망이 어떤 방식으로 연결되어 있는지 등에 따라 달라진답니다.

크기보다는 지능!

사람은 저마다 다르게 생겼어요. 키는 물론 손가락 길이, 코 모양까지 저마다 다 다르지요. 뇌도 마찬가지랍니다. 어떤 사람은 책을 읽거나 글을 쓰는 걸 좋아하고, 또 어떤 사람은 논리력과 이해력이 필요한 수학 문

제를 잘 풀어요.

이런 차이가 뇌의 크기 때문이라는 증거는 없어요. 오히려 배움과 경험의 차이가 영향을 미쳤을 가능성이 훨씬 더 크지요. 인간은 다른 동물보다 높은 지능을 지녔어요. 하지만 우리는 아직도 어쩌다 지능이 그렇게 높아졌는지 정확히 알지는 못해요.

코끼리는 기억력이 짱!

코끼리는 동물 중에서 가장 큰 뇌를 가진 데다, 기억력이 뛰어난 걸로도 유명해요. 코끼리는 다른 코끼리를 무려 1천 마리나 구별할 수 있지요. 코끼리의 기억력이 좋은 이유가 단순히 뇌가 커서일까요?

아마 그건 아닐 거예요. 뇌에 정보를 저장할 공간이 많다고 해서 반드시 기억력이 좋은 건 아니거든요.

사실, 사람도 마찬가지예요. 뇌의 크기가 기억력에 큰 영향을 미치지 않아요. 기억력이 남달리 뛰어나다면? 그건 뇌의 구조와 정보를 처리하는 방식이 그만큼 훌륭하다는 뜻이에요.

내 머릿속엔 코끼리 1,000마리에 대한 기억이 있지요.

므두셀라, 969세.

머리뼈가 열린 채로도 살 수 있다고?

뇌의 충실한 지킴이, 머리뼈

아야! 머리를 부딪혔다고요? 걱정 말아요. 단지 혹만 생겼다면 괜찮을 거예요. 단단한 머리뼈가 뇌를 안전하게 지켜 주었을 테니까요. 머리뼈에게 고맙다고 인사라도 할까요?

'머리뼈'는 뇌의 튼튼한 보호막이에요. 피부나 머리카락과 함께 외부의 충격을 막아 주고, 또 세균이 침범하는 것도 막아 주지요. 하지만 사고나 병 때문에 머리뼈에 틈이 생길 수도 있어요.

우리는 머리뼈가 완전히 닫히지 않은 채로 태어나요. 보통 두 살이 되기 전에 닫히는데요. 드물게 머리뼈가 완전히 닫히지 않은 사람도 있어요. 이런 장애가 있다고 해서 정상적인 생활을 할 수 없는 건 아니에요. 대신에 머리뼈가 없는 부분에 작은 충격만 가해져도 생명이 위험할 수 있어요. 이런 경우에는 수술을 통해 보호 장치를 삽입하거나 머리를 보호하기 위해 헬멧을 써야 한답니다.

또 다른 방패, 뇌척수액

머리뼈 안쪽에는 뇌를 보호하는 '뇌척수액'이 있어요. 이 액체는 충격으로부터 뇌와 척수를 보호하고, 뇌 활동 중에 생긴 노폐물을 씻어 내는 역할을 해요. 만약 어딘가에 머리를 강하게 부딪혀서 머리뼈가 깨지면 뇌척수액이 밖으로 새어 나올 수도 있어요! 코나 귀로도 나올 수 있고요.

뇌척수액이 밖으로 흐르면 뇌가 세균에 감염될 수도 있어요. 예전에는 생명이 위험한 일이었지만, 요즘은 의학이 발달해서 적절하게 치료를 받을 수 있답니다. 물론 신속하게 치료해야 하니, 머리를 다쳐 뇌척수액이 흐른다면 빨리 병원으로 달려가야 해요!

1916년 3월, 시인 기욤 아폴리네르는 포탄의 파편을 맞아 관자놀이를 다쳤어요. 마취제 없이 머리뼈에 구멍을 내는 천공술을 받았지요. 얼마나 아팠을까요?

머리뼈에 구멍을 낸다고?

때때로 사고나 질병으로 뇌가 부어올랐는데도 머리뼈는 멀쩡할 때가 있어요. 이럴 때는 오히려 단단한 머리뼈가 연약한 뇌를 압박해 손상시킬 수 있지요. 이를 막기 위해 의사들은 '천공술'이라는 수술을 해 왔어요. 머리뼈에 작은 구멍을 내어 뇌압을 낮추는 거예요.

놀랍게도 이 기술은 선사 시대부터 사용되었답니다! 그 시절에는 마취제가 없었으니, 환자들이 엄청난 고통을 겪었겠네요.

다른 사람의 뇌를 조종할 수 있을까?

 가상 현실이 아니랍니다. 과학은 정말 대단해요!

마음을 조종한다고?

다른 사람의 마음을 조종하는 게 정말 가능할까요? 아니요, 불가능해요! 이건 그저 단순한 소문일 뿐이지요. 다만 최면 요법을 이용해서 마치 잠에 빠진 것과 같은 상태로 만들 수는 있어요.

실제로 최면에 걸린 사람은 의식이 남아 있고, 주변의 소리도 들을 수 있다고 해요. 최면 요법을 이용해 통증을 줄이거나 불안을 줄일 수 있다지요.

뇌 속에 칩을 넣어서…

현재 과학자들은 사람의 뇌에 전자 칩을 이식하는 연구를 진행하고 있어요. 무섭다고요? 전혀 걱정할 필요 없어요! 우리가 로봇으로 변하는 일은 일어나지 않을 테니까요. 오히려 이 기술은 뇌 활동을 자극해서 장애를 입은 사람들이 움직일 수 있도록 도와주고 있어요.

실제로 미국에 사는 이안 버크하트에게 일어난 일이에요. 이안은 다이빙 사고로 팔과 다리가 마비되어 움직일 수 없게 되었는데요. 뇌 속에 콩알만 한 전자 칩을 이식했어요. 이 전자 칩은 뇌에서 나오는 신호를 해석한 뒤 컴퓨터를 통해 팔의 근육을 자극하는 역할을 했지요. 그러자 이안이 다시 팔을 움직일 수 있게 되었지 뭐예요! 정말 놀랍지 않나요?

내 생각이 내 생각이 아니다?

여러분은 좋아하는 간식을 먹으려고 친구를 설득한 적 있나요? 반대로 친구들이 여러분을 설득한 적은요? 사람은 서로 영향을 주고받으면서 살아요. 그러다 생각이나 행동이 바뀌기도 하지요. 마치 뇌를 조종당하는 것처럼 말이에요! 좋아하는 아이돌이나 유튜버가 추천했다는 이유로 필요하지 않은 물건을 사게 되는 것도 비슷한 원리예요.

뇌가 없는 동물이 있다고?

투명한 뇌를 가진 예쁜꼬마선충

예쁜꼬마선충은 흙 속에 사는 아주 작은 벌레인데요. 크기가 약 1mm 정도로 아주 작아요. 지금까지 알려진 생물 가운데 가장 작은 뇌를 가졌어요. 뇌도 작아서 그럴까요? 신경 세포도 302개밖에 안 되어요. 하지만 움직이고, 먹고, 새끼 낳고……. 할 건 다 한답니다!

게다가 몸이 투명해서 현미경으로 내부 기관을 쉽게 관찰할 수 있어요. 또 사람과 비슷한 유전자를 가지고 있어서 과학자들이 연구하기에도 매우 유용하다지요.

이 예쁜꼬마선충 덕분에 우리는 신경 세포 사이의 소통 방식에 대해 더 많은 것을 알 수 있어요. 정말 고마운 벌레지요?

작지만 똑똑한 벌

여러분은 꿀을 좋아하나요? 그런데 그 꿀을 만드는 일은 정말로 어렵답니다.

꿀벌들은 넓은 들판으로 나갔을 때, 자기가 어디에 있는지 위치를 정확히 알아야 해요. 벌집으로 다시 돌아오기 위해서는 이동한 경로를 똑바로 기억해야 하지요. 다른 꿀벌들에게 꿀을 모을 수 있는 장소도 알려 주어야 하고요!

이런 복잡한 일을 하기 위해 꿀벌은 1cm 남짓한 작은 몸에 100만 개나 되는 신경 세포를 갖고 있어요. 진짜 대단하지요? 물론 사람의 신경 세포 수에 비하면 10만 배나 적지만요.

금붕어의 기억력이 나쁘다고?

만약 금붕어가 이 표현을 이해한다면 아주 재미있어할 거예요. 과학자들이 일정한 시각에 맞춰 금붕어에게 먹이를 주는 실험을 했는데요. 금붕어가 저녁 시간을 정확히 기억한다는 사실을 알아냈어요!

또 다른 종류의 물고기를 대상으로 한 실험에서는 먹이를 받는 긍정적인 경험과 그물에 걸리는 부정적인 경험에 대해 물고기의 뇌도 사람과 비슷한 방식으로 반응한다는 사실을 밝혀냈지요. 와, 물고기도 감정을 느끼는 걸까요?

바닷속 천재, 문어!

문어는 재주가 매우 많아요. 코코넛 껍질 사이에 숨어서 몸을 감추기도 하고, 물고기처럼 모습을 바꾸기도 하지요. 또, 다리로 뚜껑을 돌려

병을 열 수도 있고, 미로를 탈출할 줄도 알아요. 정말 다재다능하지요?

문어가 이렇게 영리한 이유는 뇌뿐만 아니라 여덟 개의 다리에도 신경 세포가 있기 때문이에요. 그 덕분에 문어는 바닷속에서 가장 뛰어난 지능을 가진 생물 중 하나로 꼽힌답니다!

뇌가 없어도 살 수 있는 해파리

모든 동물은 먹이를 먹고, 이동하고, 새끼를 낳습니다. 이 모든 걸 해내기 위해 대부분 뇌를 가지고 있지요. 곤충들도 마찬가지고요.
그런데 뇌 없이도 살아가는 동물이 있어요! 대표적인 동물은 해파리인데요. 해파리는 몸 전체에 퍼져 있는 신경 세포만을 이용해 살아간다고 해요. 이 신경 세포들은 해파리가 해류를 따라 떠다닐 때 올바른 방향으로 가도록 돕는다지요. 뇌가 없어도 환경에 적응하며 살아가는 해파리의 생존 방식이 참 신비롭네요!

뇌도 병에 걸릴까?

이러면 절대 안 돼!

쾅, 머리를 다쳤어!

우리가 꼭 알아야 할 사실이 있어요. 장난으로라도 다른 사람의 머리를 때리면 안 된다는 거예요! 머리는 아주아주 중요한 부위니까요. 머리에 매우 강한 충격을 받거나, 갑자기 사고를 당하면 뇌에서 어떤 일이 일어날까요?

뇌에 가해진 충격으로 혈액이 한곳으로 모이는 혈종이나 뇌가 부어오르는 부종이 생길 수 있어요. 뇌가 부으면 머리뼈 안에 압력이 높아져 신경 세포가 손상될 수 있답니다. 그러니까 혹시라도 머리를 심하게 다치게 되면 얼른 병원으로 가야 해요!

뇌도 아플 수 있다고?

뇌에도 다른 신체 기관처럼 병이 생길 수 있어요. 병에 따라 신경 세포를 둘러싼 말이집이 손상되거나, 시냅스를 공격해 신경 세포 기능에 나쁜 영향을 주기도 해요.

가장 잘 알려진 뇌 질환은 기억을 점점 잃게 만드는 알츠하이머병과 몸을 움직이지 못하게 하는 파킨슨병이에요. 두 질환 모두 일상생활에 큰 어려움이 따르지요.

다행히 이러한 병의 진행 속도를 늦추거나, 증상을 줄어들게 하는 치료법이 개발되고 있어요. 과학이 더 발전하면 뇌 질환을

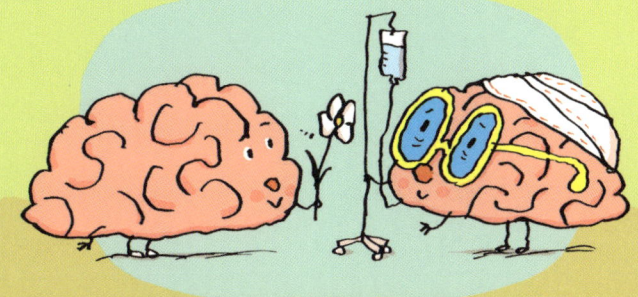

완전히 극복할 수 있는 날이 오겠지요?

종양이 뭔지 아니?

많은 사람이 '종양'이라는 단어를 들으면 두려움을 느껴요. 종양이 생기면 곧 죽을지도 모른다고 생각하기 때문일 거예요. 하지만 모든 종양이 위험할 건 아니에요.

종양이 뭐냐고요? 뇌를 비롯한 신체의 어느 부분에서 세포가 비정상적으로 늘어나는 걸 말해요. 과학자들은 심각한 정도에 따라 종양을 여러 단계로 나누는데요.

그중에서 암은 종양이 빠르게 퍼

진짜 두통거리야!

여러분은 두통을 겪은 적이 있나요? 두통에는 수십 가지가 있어요. 한쪽 머리가 아픈 편두통, 머리 전체가 무겁게 짓눌리는 것 같은 긴장성 두통처럼요. 하지만 두통이 꼭 뇌가 아파서 생기는 건 아니에요. 사실 뇌 자체는 통증을 느끼지 못하거든요.
뇌를 둘러싼 혈관이나 주변 신경, 근육이 자극될 때 두통이 생겨나요. 예를 들어, 몸에 수분이 부족하거나, 독감이나 세균에 감염되었을 때도 두통이 생길 수 있어요. 두통의 원인은 이처럼 무척 다양해요. 그래서 두통의 정확한 원인을 찾아내는 것이야말로 진짜 두통거리라지요!

져 치료가 어렵고 위험한 경우가 많아요. 반면에 양성 종양은 성장 속도가 느리고 다른 조직에 침범하지 않아서 덜 위험하지요. 하지만 뇌에 양성 종양이 자라면 주변 신경 세포를 압박해 심각한 문제를 일으킬 수도 있다고 해요. 그러니까 종양의 종류와 위치, 크기에 따라 적절한 치료가 필요하답니다!

뇌와 컴퓨터, 누가 더 똑똑할까?

그때그때 다르지

공을 공중으로 던졌다가 잡는 동작을 다섯 번 해 보세요. 아마도 충분히 할 수 있을 거예요. 하지만 다섯 번 모두 완전히 똑같이 공을 던지는 건 불가능할 거예요. 두 번 연속으로 똑같이 던지는 것도 힘들걸요?

하지만 컴퓨터는 프로그래밍만 해 두면 얼마든지 정확하게 수행할 수 있어요. 뇌하고는 완전히 달라요.

뇌는 짐작하고 예측해서 작동해요. 때로는 확실하지 않은 방법으로 문제를 해결하기도 하지요. 우리가 집에 갈 때 지름길을 택하는 것과 비슷하답니다.

길에서 사자와 마주친다면?

프로그래밍된 로봇은 같은 동작을 수백 번 똑같이 반복할 수 있어요. 하지만 프로그래밍되지 않은 동작을 하려면 속도가 아주 느려진답니다. 반면, 우리 뇌는 여러 가지 동작을 동시에 할 수 있어요. 걸어가면서 문을 열거나, 뛰면서 공을 던지는 것처럼요.

만약 우리가 길을 걷다가 사자와 마주친다면 뇌는 어떻게 할까요? 위

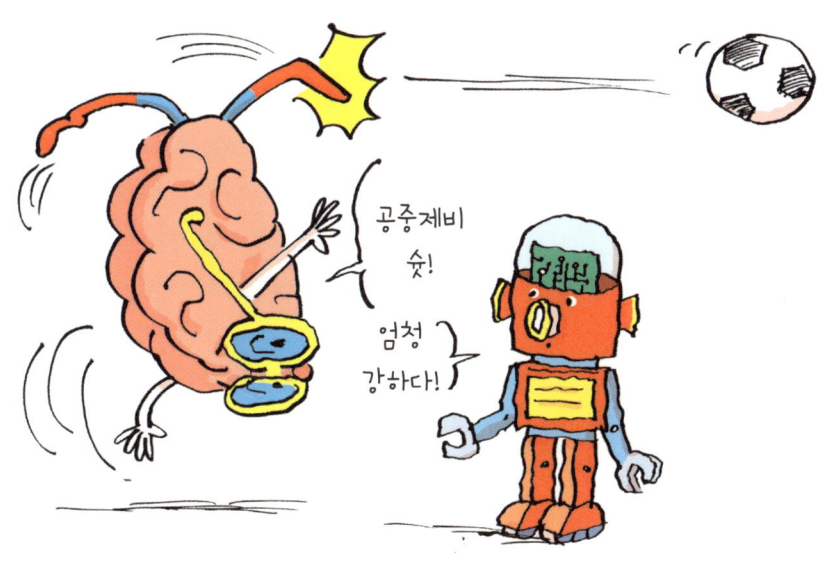

험을 감지하고서 우리가 재빨리 도망칠 수 있게 명령을 내릴 거예요. 그 덕분에 목숨을 건질 수 있겠지요?

뇌도 가끔 실수해

우리 뇌는 정해진 프로그램을 따르기보다는 주변에서 얻은 정보를 바탕으로 예상하고 판단해요. 그래서 종종 실수를 하지요. 눈앞에 있는 페인트 통을 넘어뜨린다거나, 의자에 발이 걸려 넘어지는 것처럼요.

누구나 실수를 해요. 뇌의 구조가 그렇게 생겼기 때문에 완전히 피해

갈 방법은 없어요. 하지만 뇌 덕분에 우리는 재빠르게 생각하고 신속하게 행동할 수 있잖아요.

뇌가 가끔씩 실수를 저질러서 속상할 때가 있나요? 이런 엄청난 장점을 누리기 위해서 치러야 하는 작은 대가라고 생각해 봐요! 그러면 그런 것쯤은 너끈히 극복할 수 있어요.

우리가 죽으면 뇌는 어떻게 될까?

천천히 전원이 꺼지는 뇌

심장이 완전히 멈추면 혈액이 몸속을 더 이상 돌아다니지 못해요. 그러면 어떻게 될까요? 뇌는 산소와 영양분을 공급받지 못해서 정상적으로 작동할 수 없게 되지요. 그렇지만 모든 기능이 곧바로 멈추는 건 아니에요.

뇌는 아주 천천히 전원이 꺼져요. 먼저 앞쪽에 있는 이마엽 겉질이 기능을 잃고, 그 뒤에 다른 기능들이 서서히 멈추거든요. 정작 죽어 가는 사람은 이런 변화를 알아차리지 못한다고 해요. 더 이상 의식이 없고, 생각할 능력이 사라졌기 때문이에요.

죽었다는 건 어떻게 알까?

죽음은 뭘까요? 의학적으로는 두 가지 죽음이 있는데요. 첫 번째는 '임상적 죽음'이에요. 심장이 멈추고 호흡이 없는 상태를 말해요. 놀라운 점은 전기 충격이나 마사지를 통해 심장에 자극을 주거나 소생술을 이용하면 다시 살아나는 경우가 있어요! 두 번째는 '뇌의 죽음'인데요. 뇌의 기능이 완전히 멈춘 상태로, 이 경우는 결코 되돌릴 수가 없답니다.

불가사의한 혼수상태

심각한 사고를 당하거나 병에 걸린 뒤 혼수상태에 빠지는 사람들이 있어요. 겉으로 보기에는 아주 깊은 잠을 자는 것처럼 보이지만 말을 걸어도 반응하지 않고 통증을 느끼지도 못해요. 그렇지만 혈액은 여전히 뇌를 순환하고, 뇌도 계속 활동하고 있어요.
혼수상태에서 깨어나지 못하고 세상을 떠나는 경우가 많지만, 아주 드물게 깨어나는 경우도 있어요. 정말 믿기 힘든 일이지만요.

2003년, 미국인 테리 월리스는 혼수상태에 빠진 지 19년 만에 깨어났어요. 깨어나서 처음으로 한 말은······.

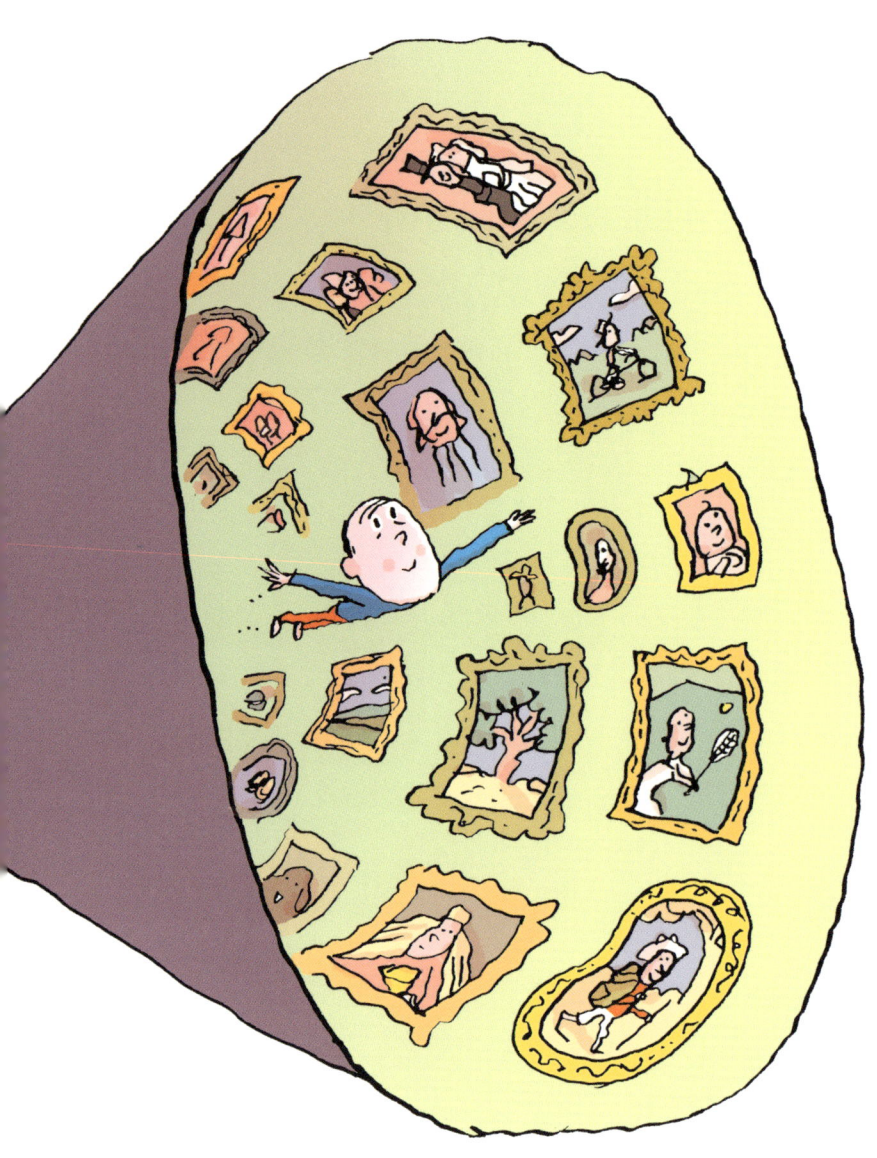

어두운 터널 속처럼…

죽을 뻔했다가 기적적으로 살아난 사람들 가운데 몇몇은 인생의 순간들이 마치 사진처럼 쭉 펼쳐졌다고 해요. 또 어두운 터널 끝에서 빛을 보았다는 사람도 있고요. 이런 경험은 죽음을 앞두고 뇌가 빠르게 움직여서 나타난 걸 수도 있어요. 하지만 아직까지 과학적으로 증명된 건 아니에요.

뇌의 마지막 순간

산소와 영양 공급이 중단되고 몇 분이 지나면 뇌는 완전히 멈추어요. 죽어 가는 사람은 이 변화를 전혀 알아차리지 못하지만요. 그렇다고 몸의 모든 기관이 곧바로 멈추는 건 아니에요.

특히 청각은 뇌사 상태에서도 짧은 시간이나마 남아 있어서, 죽음을 맞이하는 사람이 잠깐 동안 주변의 소리를 들을 수 있다고 해요.

또, 병원에서 생명 유지 장치에 연결되어 있다면 호흡과 혈액 순환은 계속할 수 있어요. 하지만 장치를 멈춘다면 결국 죽게 되어요. 뇌의 기능이 완전히 멈추면 생명도 함께 멈추는 것이지요.

 뇌를 프로그래밍할 수 있을까?

사람은 컴퓨터가 아니야!

프로그래밍이란 컴퓨터가 정확하게 따라야 할 명령을 입력하고, 이를 통해 원하는 결과를 이끌어 내도록 만드는 과정이에요. 이런 프로그래밍 덕분에 프로그래머들은 컴퓨터를 학습시켜서 비디오 게임이나 스마

트폰 앱을 작동하게 만들지요.

　하지만 우리 뇌는 전자 기계와는 전혀 다른 방식으로 작동해요. 뇌의 신경 세포는 컴퓨터처럼 명령을 따르지 않으니까요. 인간을 기계처럼 프로그래밍할 수는 없답니다!

그 누구도 사람의 뇌를 따라올 순 없어

　전 세계에서 가장 성능이 뛰어난 컴퓨터는 1초에 약 400경 개 이상의 작업을 할 수 있다고 해요. 계산 대결을 한다면 그 누구도 컴퓨터를 이길 수 없겠지요? 하지만 계단을 오르면서 기타를 연주하고, 음악을 들으면서 요리하는 방법을 배울 수 있도록 프로그래밍된 컴퓨터는 아직 없어요.

우리 뇌의 가장 큰 장점은 다양한 작업을 동시에 할 수 있다는 점이에요. 또, 모든 상황에 맞는 해결책을 스스로 찾아낼 수 있고요. 무엇보다 컴퓨터는 사람의 뇌가 만들어 낸 발명품이잖아요!

스스로 뇌를 프로그래밍해 보자!

우리는 뇌를 작동시키기 위해 머릿속에 파일을 내려받거나, 귓속에 USB 메모리를 꽂을 필요가 없어요. 대신 경험과 학습을 통해 자연스럽게 뇌를 프로그래밍하지요.

우리는 부모님이나 선생님에게 배우고, 반복과 훈련을 통해 스스로 배우기도 해요. 이러한 과정은 우리가 하는 일을 더 잘할 수 있도록 도와주지요.

이 책을 읽으며 많은 것을 배웠나요? 그래요, 여러분은 이 책을 읽으면서 스스로 뇌를 프로그래밍한 거예요!

뇌도 휴식이 필요하다고?

뇌도 녹초가 될 수 있어

뇌도 우리 몸의 다른 기관들과 똑같이 작동해요. 비록 우리가 직접 느낄 수는 없지만, 뇌 역시 같은 원리를 따르지요. 지나치게 피로하면 완전히 녹초가 될 수도 있어요. 우리가 과식했을 때 위를 쉬게 해 줘야 하는 것처럼, 뇌도 충분한 휴식이 필요하답니다.

앗, 뜨거워!

뇌가 뜨겁다고요? 뇌가 뜨겁다고 느끼는 건 질병 때문일 수 있어요. 독감에 걸리면 뇌가 정상적으로 작동하기 어려워요. 집중력도 떨어지고요. 우리 뇌의 또 다른 적은 바로 스트레스인데요! 스트레스가 덮치지 못하도록 뇌를 잘 돌보고 아껴야 해요. 그래야 필요할 때 뇌를 제대로 쓸 수 있답니다.

잠을 충분히 자고, 즐겁게 지내도록 해요. 가급적이면 편안한 시간을 보내고, 무엇보다 아플 때는 푹 쉬어요. 그게 바로 뇌 건강을 지키는 비법이랍니다.

뇌에 과부하가 걸리지 않도록!

간단한 테스트를 해 볼게요. 이 문단을 읽으면서 글자 'ㅇ'이 몇 번이나 나오는지 세어 보아요. 아마 읽는 걸 멈추고 집중해서 세어야만 정답을 맞힐 수 있을 거예요. 여기서 알 수 있는 점은 무엇일까요? 그건 바로 두 가지 일을 동시에 하는 건 무척 어렵다는 거예요! 물론 우리 뇌는 빠르게 계산할 수 있지만, 한 번에 처리할 수 있는 정보의 양은 한정적이거든요. 그러니까 뇌에 과부하가 걸리지 않도록 조심하도록 해요!

열이 없는데도 40℃?

과학자들이 어른 40명을 대상으로 뇌 온도를 측정했어요. 머리뼈를 연 것은 아니고, 자기 공명 영상을 통해 빛을 여러 색으로 나누어 물질의 성질을 알 수 있는 분광학 기술을 사용했어요.
뇌는 얼마나 뜨거울까요? 놀라지 말아요. 일반적으로 우리 몸속 기관의 정상 온도는 30℃에서 37℃ 정도인데요. 건강한 상태의 뇌 온도가 40℃를 넘었다고 해요! 아파서 열이 나는 것과 전혀 상관없지만요.

 앞으로 할 일이 무지 많아!

일상 속 낯선 뇌

　과학자들은 매일 실험실에서 뇌를 연구해요. 그런데 현재 기술로는 크고 복잡한 기계들이 필요하지요. 어떤 사람의 뇌 기능을 분석하려면 그 사람을 전자 장치로 가득한 거대한 통 안에 눕혀야 하거든요.

　그래서 아이에게 이야기를 들려주는 아빠나 같은 반 친구와 다투는 학생의 뇌 반응을 실시간으로 관찰할 수는 없어요. 결국 우리는 아직 일상생활 속에서 뇌가 어떻게 작동하는지 정확히 알 수 없답니다.

의식의 비밀을 찾아

의식이란 우리가 '나'라는 존재로서 생각하고, 감정을 느끼는 능력을 뜻해요. 그런데 이 의식은 어떻게 작동할까요? 우리 몸은 탄소나 수소로 이루어졌는데, 어떻게 이런 유기 물질들이 의식을 만들어 낼 수 있을까요? 정말 신비롭고 이해하기 어려운 일이에요.

아직까지 이 문제의 정확한 답을 찾지 못했어요. 그래서 어떤 과학자들은 이 문제를 '의식의 어려운 문제'라고 부르기도 해요. 언젠가 여러분이 그 비밀을 풀 수 있을지도 모르지요!

우리는 정말로 자유로울까?

우리가 하는 행동은 뇌에서 일어나는 화학적이고, 생물학적이고, 전기적인 과정에 의해 결정되는 걸까요? 만약 그렇다면 인간은 자신의 결정이나 행동을 책임지지 않아도 되겠지요. 하지만 우리는 스스로 행동을 통제할 수 있잖아요. 누군가 우리를 성가시게 해도 화를 참을 수 있는 것처럼요. 사실 과학자들도 이 모든 일이 어떻게 일어나는지 아직까지는 완벽히 설명하지는 못한답니다.

열정적인 신경 과학자들!

신경 과학자들은 뇌를 연구해요. 지식을 더욱 발전시키려면, 단순히 관찰하고 계산하는 걸로는 부족해요. 다양한 학문적 자원을 활용해야 하지요. 생물학뿐만 아니라 심리학에도 관심을 가져야 해요. 인간 존재의 본질을 깊이 들여다보는 철학에도 관심을 기울여야 하지요.
왜냐고요? 뇌와 인간의 사고방식에 대해서는 아직도 많은 게 밝혀지지 않았으니까요! 언젠가 여러분이 과학자가 되어 이 흥미로운 연구에 도전해 보는 건 어때요?

# 알쏭달쏭 뇌과학 용어 사전

뇌들보 | 좌반구와 우반구를 연결하는 신경 섬유 다발이에요. 약 2억 개 이상의 신경 섬유가 모여 있답니다. 뇌들보는 좌반구와 우반구가 서로 잘 소통할 수 있게 도와주어요.

뇌줄기 | 뇌의 가장 아래쪽에 있으며, 뇌와 척수를 이어 주는 줄기 역할을 해요. 위에서부터 차례대로 중간뇌, 다리뇌, 숨뇌로 이루어져 있답니다.

대뇌 | 뇌에서 가장 큰 부위로, 뇌 무게의 80%을 차지해요. 다른 감각 기관으로부터 받아들인 정보를 해석하고, 이에 대해 적절히 반응하도록 명령하지요. 뇌의 중심이라고 할 수 있어요. 이마엽, 마루엽, 관자엽, 뒤통수엽으로 이루어져 있으며, 각각의 기능과 역할이 달라요.

대뇌 겉질 | 대뇌의 가장 바깥쪽에 있으며, 뇌의 외투 역할을 하는 주름이 가득해요. 주름 가운데 밖으로 튀어나온 걸 이랑, 옴폭 파인 걸 고랑이라고 하지요.

세포 | 우리 몸을 이루는 아주 작은 단위예요.

소뇌 | 대뇌 아래쪽에 있으며, 크기가 야구공만 해요. 몸의 움직임을 조절하고 균형을 유지하는 역할을 해요.

시냅스 | 뇌 속에서 신경 세포와 신경 세포를 이어 주는 역할을 해요. 신경 전달 물질을 통해 신경 세포로 정보를 전달하기도 하고, 필요에 따라 멈추게 하기도 한답니다.

시상 | 우리가 느끼는 감각 신호를 대뇌 겉질로 전달해요. 다만, 냄새를 맡는 후각은 제외하고요.

신경 세포 | 우리 몸에서 신경을 이루는 세포로, 뇌와 몸 곳곳에 퍼져 있어요. 전기 신호와 화학 신호를 이용해서 정보를 전달하지요. 신경 세포체, 축삭 돌기, 가지 돌기로 이루어져 있답니다. '뉴런'이라고도 불러요.

신경 세포체 | 신경 세포에서 중심이 되는 부분이에요. 세포의 진정한 지휘소라고 할 수 있는 핵이 있어요. 신경 세포에게 영양을 공급한답니다.

척수 | 뇌에서 내려오는 신경 신호를 우리 몸의 여러 부분으로 전달해요. 뇌줄기에서 시작해 허리 부분까지 이어져 있어요.

통증 수용체 | 우리 몸에 상처 또는 상처를 낼 수 있는 자극을 알아채어 뇌로 신호를 보내요.

편도체 | 관자엽에 있는 뇌 조직이에요. 아몬드처럼 생겼으며, 우리의 감정을 조절하는 데 중요한 역할을 해요.

해마 | 대뇌 겉질 아래에 있으며, 바닷물고기 해마와 닮았어요. 기억하고 배우는 데 중요한 역할을 하지요. 새로운 기억을 저장하고, 간직해야 할 기억을 대뇌 겉질로 보내요.

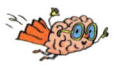

어린이를 위한 뇌과학 교과서

첫판 1쇄 펴낸날 2025년 4월 15일
2쇄 펴낸날 2025년 10월 31일

지은이 알베르 무케베르·라파엘 마르탱
그린이 파스칼 르메트르 **옮긴이** 김자연
펴낸이 박창희
편집 박은아 **디자인** 배한재 김혜은
마케팅 박진호 한혜원 **경영지원** 전윤정
인쇄 신우인쇄 **제본** 신우북스

펴낸곳 (주)라임
출판등록 2013년 8월 8일 제2013-000091호
주소 경기도 파주시 심학산로 10, 우편번호 10881
전화 031) 955-9020(주문), 031) 955-9021(편집)
팩스 031) 955-9022
이메일 lime@limebook.co.kr **인스타그램** @lime_pub
홈페이지 www.prunsoop.co.kr **제조국** 대한민국

ⓒ라임, 2025
ISBN 979-11-94028-43-7 (74470)
     979-11-85871-25-7 (세트)

* 잘못된 책은 구입하신 서점에서 바꾸어 드립니다.
* KC 마크는 이 제품이 공통안전기준에 적합하였음을 의미합니다.
* 던지거나 떨어뜨려 다치지 않도록 주의하세요.

Le cerveau pas bête
Copyright ⓒ Bayard Éditions, 2023
Written by Albert Moukheiber, Raphaël Martin and illustrated by Pascal Lemaître.
All Rights Reserved.
Korean Translation Copyrightⓒ Lime Co., Ltd., 2025
Korean translation rights arranged with Bayard Éditions through Orange Agency.

이 책의 한국어판 저작권은 오렌지 에이전시를 통해 Bayard Éditions과 독점 계약한 ㈜라임에 있습니다.
저작권법에 의하여 한국 내에서 보호를 받는 저작물이므로 무단 전재와 복제를 금합니다.